le geste musical

« ... et Sélime le soir y écoutait
les cris des enfants,
qui, nus comme des poissons sans écailles,
se lançaient du terrain vague où séchaient les fichus
à la conquête du monde... »

Nâzim Hikmet

« Car JE est un autre. Si le cuivre s'éveille clairon, il n'y a rien de sa faute. Cela m'est évident : j'assiste à l'éclosion de ma pensée : je la regarde, je l'écoute : je lance un coup d'archet : la symphonie fait son remuement dans les profondeurs, ou vient d'un bond sur la scène. »

Arthur Rimbaud

Nous remercions les enfants qui, par leur accueil à nos propositions, n'ont cessé de nourrir nos intuitions ;
et pour leur collaboration complice : Andréa Cohen, Andrée Del Piccolo, Mireille Pinard, Wiska Radkiewicz, Nicole Wilm ;
pour les indications qu'ils nous ont chaleureusement fourni : Bernard Baschet, Cornélia Coyler, André Dubost, Costin Miereanu, Christian Poche ;
pour leur patience à notre égard : Benoit, Capucine et Mathieu.

A Michel Chion

Table des matières

Ce livre s'adresse tout particulièrement aux enseignants, animateurs, éducateurs et toutes personnes qui sont au contact de groupes d'enfants de 3 à 12 ans (âge de classes maternelles et primaires) et désirent faire de la musique avec eux.
En privilégiant l'expérimentation sonore *chez l'enfant à partir d'idées musicales précises, en l'initiant au fonctionnement de la musique à travers son propre* geste, *on peut pratiquer une pédagogie d'éveil qui tient compte à la fois du passé culturel et du besoin d'expression nécessaire à l'enfant. Basée sur la notion de* mouvement sonore, *cette démarche doit lui permettre de comprendre comment les éléments constitutifs de la musique peuvent se structurer entre eux et d'acquérir, dans l'incessant aller et retour « faire-écouter », un réel sens du temps musical.*
En mettant en évidence les paramètres musicaux *et leur articulation pour passer du phénomène sonore au phénomène musical, ce livre se propose de donner des points de repères pour appréhender le fonctionnement de la musique et, ainsi, faciliter, à partir d'idées musicales, l'invention de* dispositifs de jeux *à proposer aux enfants.*

Une première partie, pratique, *donnera, avec leur raison musicale, des exemples de* jeux-expériences *(tous déjà expérimentés avec des enfants de classes maternelles et primaires). Deux étapes essentielles à l'éveil musical seront parcourues : en premier lieu,* entendre et faire *qui s'adresse surtout aux plus petits, ensuite,* organiser *qui concerne plutôt les plus grands.*

Une seconde partie, théorique, *reprendra les raisons musicales énoncées dans la première partie, pour en faire l'analyse et les situer dans le fonctionnement musical.*

PREMIÈRE PARTIE
JEUX EXPÉRIENCES

Les jeux-expériences se veulent suggestions pour d'autres inventions et non recettes à appliquer mot à mot. Si les idées musicales qui sous-tendent ces jeux-expériences sont volontairement limitées, l'agencement de ces idées musicales entre elles est par contre illimité et dépend des individus qui les manipulent. Inventer un dispositif de jeux pour les enfants est déjà faire un choix musical. Ce livre voudrait faciliter ces choix musicaux en donnant quelques points de repères pour mieux comprendre les formes que peut prendre la musique.

Introduction

Si en 1980, l'existence de la musique n'est plus nécessairement et directement liée au geste instrumental ou vocal, puisqu'on peut faire des sons, maintenant, soit par synthétiseur, soit par ordinateur, on ne peut toutefois dénier au geste son rôle essentiel dans le cheminement de la pensée musicale au cours des siècles. Non seulement le geste fut le plus souvent la condition de la réalisation d'œuvres musicales mais aussi il fut l'instigateur de certaines formes musicales. La musique est née du geste (vocal ou instrumental) et s'en souvient, même dans les œuvres contemporaines. Il était donc tentant de retrouver, avec les enfants, ces gestes inscrits dans la mémoire musicale et, par là-même d'aborder avec eux, petit à petit, le fonctionnement de la musique. A cette raison musicale de sensibilisation des enfants par l'intermédiaire du geste, s'ajoute une raison directement liée à la manière dont l'enfant aborde la réalité, le geste étant pour lui un des premiers moyens de connaître l'autre, le différent et donc de se situer par rapport à ce qui lui est extérieur. De plus, l'expérience prouve que, dans le son, l'enfant est particulièrement sensible au mouvement et que, d'un son qu'il aurait entendu sans en savoir la cause, il retient surtout le geste qui a pu faire le son.
Les jeux-expériences que nous proposons à titre d'exemple, ont tous été essayés avec des enfants ou inventés par les enfants eux-mêmes. Ils sont toujours reliés d'une part au comportement possible de l'enfant en fonction de son âge et de ses capacités et, d'autre part à un élément constitutif de la musique, pouvant provoquer la naissance d'une idée musicale.
Avec les enfants d'âge maternel, il s'agit surtout d'appréhender le monde sonore. L'éveil musical sera la reconnaissance d'un *territoire sonore* susceptible de devenir musical, reconnaissance par explorations successives. Instrumental ou vocal, le *geste* et son double, *l'écoute* priment. La fabrication d'un son et l'écoute d'un son (ou d'une musique) passent par le geste (ou l'image du geste). Par l'intermédiaire du geste, de nombreuses notions musicales fondamentales sont abordées.
Avec les enfants plus grands, il s'agit maintenant d'aborder un univers plus musical. Le geste n'est plus seulement un moyen de reconnaître un territoire musical mais un point de départ vers l'élaboration de *structures musicales* précises.

Première étape
Entendre et faire

Entendre un mouvement sonore

« La musique est l'organisation des sons dans l'espace, en mouvement dans le Temps. » (Évelyne Andréani)
Tous les jeux suivants peuvent trouver une correspondance dans la deuxième partie de cette définition. C'est bribe après bribe que les enfants plus petits expérimenteront ces notions pour arriver, plus tard à « l'organisation » elle-même de ces « sons dans l'espace, en mouvement dans le Temps. »
Il s'agit d'abord d'*entendre* et de *faire* des mouvements sonores pour ensuite *jouer avec* et, plus tard, les *organiser.*

Entendre un mouvement sonore : Certains gestes portent en eux une dynamique qui appelle une sensation sonore. Un mouvement, même muet, peut suggérer un son. C'est cette écoute intérieure dynamique que nous essaierons de découvrir avec les enfants à travers les gestes qu'ils font le plus spontanément. Lorsque les enfants aborderont le geste instrumental, ils se souviendront de cette tension interne qui imprime une dynamique précise à un son.
Les idées de jeux-exercices nous ont été le plus souvent suggérées par le comportement des enfants eux-mêmes. Ainsi, par exemple, pour le « jeu des ressorts » (cf. p. 19), les enfants étaient un jour accroupis par terre. Tout seuls, ils ont commencé à jouer, à sauter en l'air très vite et dans le désordre, et retomber par terre, cette action étant accompagnée du son « Hop ». En les voyant faire, nous avons tout de suite pensé aux musiques aléatoires dont les rythmes se créent du surgissement imprévu d'événements. Nous avons alors décidé d'exploiter musicalement ce geste spontané en demandant aux enfants de jouer consciemment avec le silence et les dynamiques. Ceci est un exemple pour dire combien nous sommes plongés sans cesse dans la musicalité et que c'est notre attention à cette musicalité latente qui permet de faire surgir la musique. Il faut en quelque sorte avoir « l'œil musical » pour repérer ce qui, dans un comportement, une attitude peut engendrer une idée musicale, un développement musical.
Les exercices suivants ne sont que des échantillons pour indiquer comment à travers un geste d'enfant, une idée

musicale peut naître et se développer. Il y a, bien évidemment, des milliers d'autres jeux à inventer...

LE GESTE

Geste-écoute

Avec les petits enfants, le geste le plus élémentaire à explorer est celui de taper : sur le corps d'abord, avec les mains, avec les pieds, puis seulement avec un objet. Il importe de faire remarquer aux enfants qu'à chaque manière de taper et à chaque matière correspond un son différent.

Le geste de frotter est aussi élémentaire. Chercher ensemble comment et sur quoi frotter, explorer toutes les sensations liées aux différents gestes, et les relier à une notion « musicale ». Par exemple, à un grand geste correspondra un son long, à un petit geste, un son plus court. On demande aux enfants d'écouter la différence et d'essayer de la qualifier.

On peut ainsi faire prendre conscience aux enfants de la *durée*, de la *dynamique* et de la *matière* des sons ; l'essentiel est qu'ils sentent intérieurement et physiquement les notions auxquelles on fait appel.

Avec frotter et taper, on peut créer un « moment musical » : par exemple, tous les enfants frottent (soit par terre avec les mains, soit avec un objet soit avec leurs pieds, etc.) ; de temps en temps quelques-uns, quand ils en ont envie et sans mot d'ordre, tapent vivement dans leurs mains une seule fois. Dans ce simple jeu musical, il y a déjà plusieurs notions abordées :

– le *contraste* entre deux dynamiques : une trame coulée et des sons brefs ;

Ces dessins ne sont pas des partitions réalisées par les enfants, mais simplement une visualisation possible (qui nous est due) des idées musicales mises en jeu dans ce chapitre.

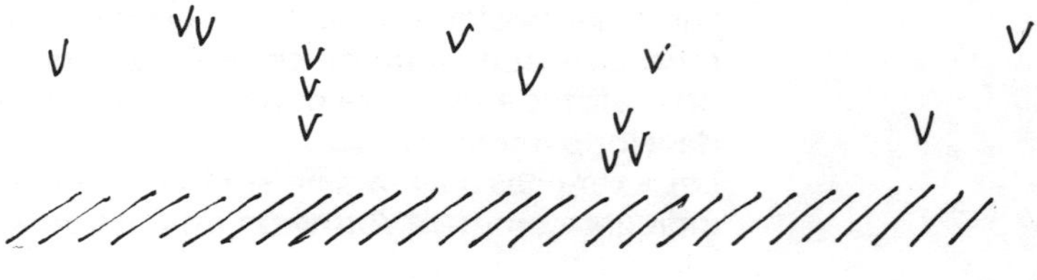

– *l'écoute* : demander aux enfants de ne pas tous jouer en même temps le frappé avec les mains suppose une écoute très attentive de leur part et la notion de la durée du silence.
Les jeux musicaux aléatoires sont importants pour l'éveil musical des enfants : psychologiquement, ce genre de jeu permet à chacun de jouer au moment où il sent qu'il doit le faire ; et, musicalement, ces jeux développent l'écoute de l'autre accordée à la sienne propre et, en créant des surprises rythmiques, retiennent l'attention des participants.

Jeu des ressorts

Les enfants sont accroupis et s'amusent à se relever très vite comme des ressorts en accompagnant cette « explosion » d'un son avec la voix. On peut, après, ne garder que les sons et y associer d'autres gestes. Il importe, ici, de préserver la *qualité dynamique* des sons et la répartition *aléatoire* des événements pour que les rythmes créés soient intéressants.

Pour ce faire, il faut partir de l'idée de la *rupture* brutale du *silence*, ce qui engendrera à la fois une qualité d'écoute mutuelle et des surprises rythmiques.
Par ailleurs, il est important, pour que le son produit soit d'une certaine qualité au moins dynamique de se préparer au geste qu'on va faire : par exemple, écarter les bras suffisamment pour taper dans les mains ou se préparer à sauter. Chaque mouvement sonore doit être vécu comme abouti et nécessaire.

Jeu de vol

On demande aux enfants de voler vite, lentement, de se poser. En général, les enfants associent un son vocal à ce geste. S'ils ne le font pas, on peut leur demander de trouver avec la bouche comment rendre ce geste ; l'essentiel est toujours de leur permettre « d'entendre » intérieurement un mouvement, « d'entendre » les changements de vitesse, de rythme.

Enchaînements de mouvements sonores

Debout, en rond, on marche vers le centre du cercle tout en montant progressivement les bras. Une fois au milieu du cercle, on marque un temps d'arrêt – suspension dans le Temps, moment de silence – puis on recule jusqu'aux limites du cercle initial. Dans ce genre d'enchaînement, les enfants associent presqu'automatiquement un son aux mouvements qu'ils sont en train de faire. S'ils ne le

font pas, on peut leur demander d'accompagner leurs gestes avec la voix. Ensuite, à partir de ces mêmes sons qu'ils viennent de découvrir, on leur demande de trouver d'autres gestes qui auraient la même dynamique que le premier enchaînement (par exemple, au lieu de jouer avec tout le corps, n'utiliser que le bras). En associant ainsi des gestes différents à un même enchaînement sonore, les enfants perçoivent dans leur corps le *mouvement sonore* qui pourra plus tard devenir *mouvement musical.*

On peut faire varier les *vitesses* des déplacements ainsi que les intensités (par exemple, jouer de plus en plus fort en avançant, et de plus en plus doucement en reculant ou vice versa).

Pour que les enfants sentent une nécessité intérieure à ces déplacements, il faut que les gestes eux-mêmes leur soient familiers, c'est-à-dire que le point de départ de l'enchaînement soit toujours un ou plusieurs gestes proposés par les enfants. Ces gestes sont ensuite organisés de manière à donner une suite dynamique qui peut déjà suggérer une phrase musicale.

Dissociation geste-son

Pour sentir corporellement les dynamiques sonores, un enfant court, saute, marche, etc. ; les autres enfants « miment » en quelque sorte la dynamique qu'ils voient, avec les mains (ou cherchent à retrouver avec des instruments cette dynamique).

L'œil écoute

Caché, pour qu'on ne voie pas comment le son est fabriqué, quelqu'un fait un son avec un geste précis. Les enfants doivent imiter ce qu'ils ont entendu en s'atta-

chant à retrouver la même dynamique gestuelle qui a présidé à la fabrication du son.
En fait, ce sont les enfants eux-mêmes qui, par leur réaction à ce jeu, nous ont indiqué que leur perception s'attachait essentiellement à la forme dynamique du son.
En effet, par exemple, à l'écoute d'un son itératif qui pourrait avoir cette forme 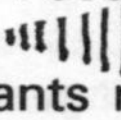 c'est-à-dire 7 frappés de plus en plus fort, les enfants retiendront la dynamique croissante et non le nombre de coups. C'est donc qu'ils perçoivent une *forme sonore globale* liée à un *geste* producteur.
C'est à cause de cette réaction que nous avons entrepris cette recherche sur une approche de la musique liée au geste qui imprime une *forme* au *son.*

LE GESTE INSTRUMENTAL

Qu'il soit fait avec la voix ou avec un instrument, il est nécessaire d'imprimer au son une dynamique précise et de retrouver dans la qualité sonore, la même qualité vivante qui existe dans un mouvement spontané.
On s'attachera donc, dans la recherche de gestes instrumentaux, même élémentaires, à ce que les enfants mettent dans ces gestes la même qualité énergétique qu'ils mettent à sauter ou à courir vite ou doucement.
Il faudra remarquer avec eux qu'à une certaine qualité gestuelle correspond inévitablement une certaine qualité sonore, aussi bien dans la dynamique que dans le timbre du son.
Attention : il ne s'agit pas d'imposer à l'enfant une forme dynamique. Il faut le laisser expérimenter toutes les possibilités gestuelles liées à l'objet qu'il a entre les mains. Après l'exploration, et seulement après, il faut choisir avec lui ce qu'il préfère entendre en fonction de ses capacités et aussi, bien sûr, de l'intérêt musical du son obtenu. Il est important que la qualité du son obtenu vienne du plaisir de la maîtrise d'un geste juste.
Ce travail du geste instrumental, même sur des matériaux élémentaires, conduit directement au jeu instrumental pour tout enfant qui voudrait apprendre à jouer d'un instrument. Trouver le geste juste pour obtenir le son juste – nous entendons par son juste, non pas le son qui a une hauteur juste mais le son qui a une forme dynamique précise correspondant à ce que le joueur a

voulu entendre intérieurement et faire entendre. Le son doit être juste aussi pour l'auditeur extérieur, doit être entendu comme habité par une nécessité interne dans son déroulement.

Quelques exemples... parmi tous ceux qui restent à inventer...

- Avec des crayons : parcourir le sol avec un crayon (ou une baguette) en faisant un grand et vaste geste lentement ou très vite ou de plus en plus vite ou de plus en plus lentement ou d'une manière saccadée ;
  – parcourir le sol en faisant un tout petit geste très lentement ou très vite ou en pointillé très légèrement ou au contraire en appuyant très fort.
  Il s'agit toujours d'explorer les *dynamiques* possibles et d'en écouter le *résultat sonore.*
- Avec un papier rempli de noix (ou tout autre objet bruyant) : chercher tous les sons possibles liés à la manière de prendre et manipuler les objets : par exemple fouiller ou au contraire laisser tomber de haut, noix après noix ou plusieurs noix en même temps.
- Avec des pots de terre suspendus à l'envers, comme une cloche, avec un bâtonnet et une ficelle, le tout accroché à un manche à balai posé horizontalement entre deux chaises : taper, frotter, taper à l'intérieur d'un bord à l'autre, taper à l'extérieur d'un pot à un autre pot. Repérer les sons les plus précis et vivants.
- Avec du papier : chercher tous les gestes possibles pour manipuler le papier et écouter le son qui découle de chaque geste suivant que celui-ci est vif, lent, petit, grand, sec, mou, long, court, avec un doigt, avec le poing, etc.
- Avec un tambourin : agiter, frapper, gratter.
- Avec le triangle : suivant l'ampleur du geste, on obtient une résonance plus ou moins grande, on peut aussi faire un rapide aller et retour dans un des angles du triangle, ce qui donne au son l'allure d'un trémolo auquel on peut imprimer une forme précise.

Conscience du mouvement sonore

A partir de sons instrumentaux découverts par exploration dynamique, on demande aux enfants de retrouver avec la voix le même mouvement sonore. A l'inverse, on peut demander de retrouver sur un instrument le même mouvement sonore qu'ils auraient pu trouver auparavant avec la voix. Cet exercice peut être fait avec les grands de maternelle mais sera plus riche et plus précis en classes primaires.

Jouer avec les mouvements sonores

Un *geste juste* pour un *son juste :* il faut toujours avoir à l'esprit cette relation entre le geste et le son et cette idée corollaire qu'un son existe dans le Temps propulsé dans l'Espace par une énergie qui lui imprime une certaine dynamique.
Le travail sur le geste avec les enfants a pour but de leur faire ressentir cette notion de son en mouvement dans le temps afin de leur faire acquérir des images internes de mouvements sonores.
A partir de cette notion de mouvement sonore, tout est possible. C'est comme une enveloppe qu'on peut remplir de timbres, durées, hauteurs, densités différentes. Les mouvements sonores sont alors des formes pleines et fluctuantes qu'il s'agit d'agencer pour arriver à une structure musicale cohérente.

Avec les enfants d'âge maternel, il n'est évidemment pas question de prétendre à des architectures très élaborées. Mais, selon leurs capacités liées à leur âge, ils peuvent déjà appréhender des structures simples. Une structure n'est autre qu'un ensemble d'éléments ayant leur tension propre, mis en relation les uns avec les autres d'une manière cohérente et suivant une nécessité interne propre à cet ensemble. Nous serions tentés d'appliquer à la musique ce que dit Kandinsky de la composition picturale : « *La composition n'est donc qu'une organisation précise et logique des forces vives contenues dans les éléments sous forme de tensions.* »
Mettre en relation deux *mouvements sonores contrastés* est déjà amorcer une *structure.* Si nous avons choisi le contraste, c'est que d'une part, l'idée musicale de contraste est contenue dans nombre de musiques du monde entier, et que, d'autre part, les enfants sont très sensibles, corporellement, à cette notion. En effet, de l'écoute de musiques, les enfants dégagent le plus souvent le caractère contrasté de certains éléments (timbres ou dynamiques ou intensités ou hauteurs). En ce qui concernent les dynamiques, il n'est pas rare qu'ils essaient d'expliquer ce qu'ils ont ressenti par des gestes mimant ces mouvements contrastés.

Contrastes liés aux dynamiques

Soit spontanément soit à notre demande, les enfants font des gestes qui engagent tout leur corps (il est toujours plus intéressant de saisir une attitude spontanée et de la relancer musicalement).
Parmi les gestes qui ont émergé, on en choisit deux qui portent en eux des dynamiques contrastées.
Par exemple : s'envoler/retomber ; frotter/taper ; faire un pas en glissant / ramener vivement les pieds ; faire un cercle avec les bras / taper avec les mains ; prendre de l'élan en courant / stopper net en tombant, etc.
Ces couples de gestes, s'ils sont accompagnés de sons avec la bouche, peuvent susciter chez l'enfant l'idée de contraste musical.
Petit à petit, on demande aux enfants de jouer seulement avec ces sons contrastés. Il est important qu'ils mettent la même énergie à faire les sons sans les gestes c'est-à-dire qu'ils gardent en mémoire le geste qui a suscité le son pour imprimer à ce son une dynamique vivante et précise.

Dissociation geste/son liée au contraste dynamique :
Un enfant mime alternativement la poupée de chiffon et la poupée mécanique ; les autres essaient de trouver avec la voix des sons qui ont les mêmes qualités dynamiques.
A l'inverse, on peut écouter une musique aux dynamiques contrastées et demander aux enfants de réagir gestuellement à ce qu'ils entendent. (Par exemple, un groupe est chargé des sons immobiles, l'autre des sons actifs.)
Aux contrastes liées aux dynamiques, on peut ajouter toutes sortes de variantes :

Contrastes d'intensité

a On demande aux enfants de sauter fort puis de courir doucement. La difficulté vient de la dissociation entre dynamique et intensité : en effet, pour les enfants, courir vite est souvent synonyme de courir fort, il faut donc s'attacher à leur faire remarquer que vitesse et intensité sont deux notions différentes.

On peut aussi, à partir de ces mêmes données, demander aux enfants de retrouver, avec des instruments, les mêmes contrastes de dynamiques et d'intensités.

b Le contraste peut aussi être ressenti en utilisant un « instrument » pour chaque mouvement sonore : par exemple, on fait un crescendo (jouer de plus en plus fort) avec les pieds et un descrescendo (jouer de moins en moins fort) avec les mains.

c Le *silence,* en introduisant une rupture d'intensité brutale, peut créer un contraste, le silence est alors pris comme un son en soi.
Par exemple, on fait un crescendo avec les mains, brutalement interrompu par le silence obtenu en se cachant les yeux avec les mains.

d Ou encore, un groupe d'enfants joue fort, l'autre groupe lui répond doucement.

e Ou encore, un groupe d'enfants fait un long crescendo, l'autre groupe lui répond par un petit crescendo.

Contrastes liés à des gestes instrumentaux

a Avec des baguettes ou des crayons, on demande aux enfants de trouver des gestes très contrastés qui donneront donc des sons très différents. Par exemple, des gestes très amples ou très petits, des gestes très légers ou très appuyés donneront des sons de qualité sonore différente qui, à l'écoute, créeront un contraste. Les enfants entendront d'autant mieux les sons et leurs différences qualitatives qu'ils auront éprouvé des sensations différentes à les fabriquer.

b On tape une fois ou deux fois sur une bouteille et on s'arrête brusquement en laissant le bras en l'air. Dans ce simple geste de taper, la préparation du geste a autant d'importance que le geste de taper lui-même. Pour qu'un son soit précis, il faut qu'il soit intentionnel. De cette *intention* dépend la *qualité du son obtenu.*

Contrastes liés aux timbres

a Tous les enfants frottent leurs mains les unes contre les autres et, de temps en temps, lorsque chacun en a envie, ils tapent un seul coup puis recommencent à frotter. Ce jeu, s'il fait apparaître des différences de timbres, est bien évidemment lié au geste.

b Un enfant ou un groupe d'enfants agite ou fait trembler une feuille de papier, un autre enfant l'interrompt en sautant. Le jeu naîtra petit à petit avec la durée de chaque intervention, l'essentiel étant là aussi de préserver une qualité dynamique du son.

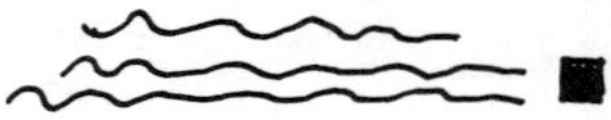

c Un groupe d'enfants fait une « trame » avec des sons de papier ; pendant ce temps, un autre groupe avec des élastiques tendus sur des boîtes, font claquer ces élastiques de temps en temps de manière aléatoire.

Contrastes liés aux dispositifs de groupe

a Les sons qui bougent et les sons qui ne bougent pas : un groupe d'enfant cherche et joue sur des instruments (ou avec la voix) des sons qui donnent l'impression de bouger dans tous les sens puis s'arrête. L'autre groupe joue des sons calmes donnant plutôt l'impression d'immobilité. On peut demander à un enfant de faire le chef d'orchestre, mais il est préférable que le jeu naisse réellement des relations dynamiques et sonores entre les deux groupes. Sans chef d'orchestre, chaque groupe peut sentir le moment où il doit s'arrêter et acquérir ainsi la notion de la durée liée à la dynamique.

b Un enfant lance un son que tous reprennent avec lui. Au bout d'un moment, quand il sent que la « phrase » a assez duré, l'enfant qui a lançé le son, tout à coup, se cache les yeux ; à ce moment-là, les autres enfants s'arrêtent tous en même temps. Alors un autre enfant lance un autre son et le jeu continue de la même manière. Ce jeu de contraste fait apparaître aussi le silence comme un son en soi.

c Avec du papier, un groupe d'enfants fait une trame ; sur cette trame, un autre groupe fait des sons de papier déchiré, les enfants de ce groupe ne jouant que de temps en temps. Ce jeu fait apparaître le contraste continu-discontinu.
Pour les interventions aléatoires comme celles du groupe au papier déchiré, les enfants doivent être attentifs à ne pas jouer tous en même temps ce qui exige un grand sens de l'*écoute* et du *temps musical.*

d Un enfant lance un son ou une suite de sons, les autres reprennent ce son vivement. Le contraste naît du nombre d'enfants qui chantent en réponse à un seul enfant.

Le son et ses qualités

Aborder la musique par le son en mouvement nous paraît la manière la plus immédiatement accessible aux enfants. Il n'en reste pas moins que ce son a des caractéristiques propres qui sont autant d'occasions de découvertes : matière, timbre, durée, liée à l'évolution dynamique du son dans le temps, hauteur, autant de qualités à explorer au cours des jeux précédents et à préciser au fil des moments musicaux.

Ces notions font partie du *territoire musical* à reconnaître par des enfants d'âge maternel au même titre que le mouvement sonore. Quel que soit le jeu en cours, l'enjeu en est toujours le résultat sonore et le but pédagogique, la précision de l'écoute.

Ici comme dans l'écoute du mouvement sonore, le rôle du geste est primordial. Il faut offrir à l'enfant la possibilité de découvrir le plus de sensations sonores possibles pour qu'il puisse faire des comparaisons, exercer son esprit critique et savoir ce qu'il préfère.

Au début, il y a juste le plaisir du bruit. Petit à petit, avec la maîtrise de l'intention gestuelle, le bruit prend la forme et la matière d'un son précis. Suivant que l'enfant tape, frotte ou caresse, il en résulte une sonorité différente. Comme il apprend à différencier les couleurs et les matières, il apprend à différencier les différentes matières sonores, à mettre des mots sur ce qu'il entend. Il s'agit bien ici d'écouter le résultat sonore sans tenir compte de la source de production. Si le son prend forme grâce au geste, le matériel sonore contenu dans cette forme a des qualités propres qu'il importe de définir, petit à petit.

Aux quatre paramètres du son ordinairement étudiés, nous en ajouterons deux : la matière et la densité. En effet, l'écoute de certains types de musique nous ayant élargi les oreilles vers d'autres univers sonores, il nous semble important de ne pas fermer et réduire celles du jeune enfant à la notion de son pur, de note. Aussi dans ce travail de déchiffrage sonore, tiendrons-nous compte de qualités sonores comme la matière et la densité qui entrent dans le composition de certains bruits appelés peut-être un jour à avoir le statut de son (au sens large du terme).

A l'occasion des jeux avec les mouvements sonores, bien des qualités du son peuvent être abordées.

Ainsi, pour la durée et l'intensité, plus directement ressenties corporellement, on pourra se reporter à quelques jeux précédents et y ajouter des jeux de reconnaissance et de comparaison.

Durée

Voir jeux :
« contrastes d'intensité » – e – page 24 ;
« contrastes liés à des gestes instrumentaux » – a – page 25 ;
« contrastes liés aux dispositifs de groupe » – a et c – page 26 ;
et « le geste » page 18.

– *Jeux de comparaison*

Quelqu'un fait un son de durée et vitesse précises. Pendant ce temps, avec leurs doigts ou un crayon, les enfants mesurent en distance, le temps parcouru, en déplaçant leur doigt à une vitesse précise et régulière. Puis, la même personne qui avait fait le premier son, joue un son d'une durée différente avec la même vitesse que la première fois. Les enfants mesurent de nouveau ce dernier son et comparent les deux distances.
On peut compliquer le jeu en jouant des sons de vitesse différentes mais de même durée. Les enfants qui écoutent doivent mesurer le son en écrivant ou déplaçant leur doigt toujours à la même vitesse, pour que la mesure soit juste.

Intensité

Voir jeux « contrastes d'intensité » – a-b-c-d-e – page 24.

Timbre

Le timbre est « la qualité spécifique des sons produits par un instrument, indépendante de leur hauteur, de leur intensité et de leur durée ».
Elargissons cette définition à tout objet qui résonne et demandons aux enfants de reconnaître s'il s'agit d'un trousseau de clefs ou d'un morceau de papier déchiré ou encore d'un son de piano. Pour ce jeu de reconnaissance, l'animateur se cache derrière quelque chose pour que les enfants ne voient pas l'objet dont il s'agit.
On peut mélanger deux timbres : par exemple ; clefs et triangle, crayon et clef qui tombent, etc. Les enfants doivent trouver les éléments qui composent le son entendu.

On peut aussi faire une suite de trois sons dans un certain ordre puis dans un autre ordre et demander aux enfants de repérer la différence.

Hauteur

Pour les sons de hauteur imprécise, on demande aux enfants de les classer par grandes catégories : graves, moyens, aigus.
Par exemple, la boîte de crayons qu'on agite est plutôt grave, celle des ciseaux plus aiguë. A chaque enfant peut être attribué un objet, on essaiera de former un demi-cercle allant de l'objet le plus grave à l'objet le plus aigu.

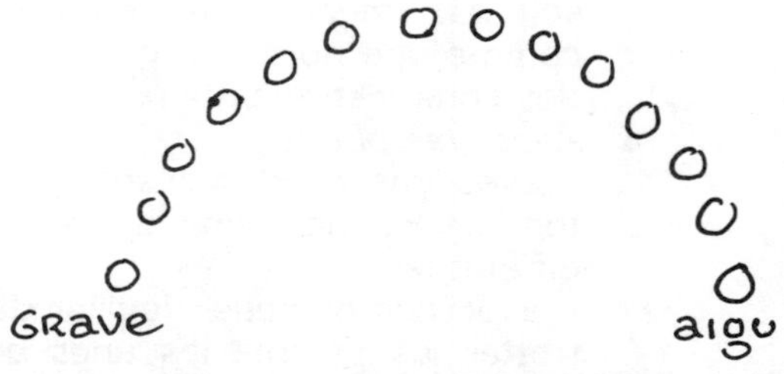

Autre exemple avec un piano : un enfant se place en face des notes graves, un autre en face des notes aiguës. Chacun son tour joue un ensemble de notes d'un seul coup (par exemple avec toute la paume de sa main) – en musique contemporaine, c'est ce qui s'appelle un « cluster ». A l'écoute de ces clusters, les autres enfants se baissent si le cluster est plutôt joué dans le registre grave, et se lèvent si le cluster est joué dans le registre aigu.
On peut aussi leur demander de chanter approximativement ce qu'ils entendent et de trouver dans la classe des sons dans le même registre de hauteurs.
Petit à petit, on affine l'oreille jusqu'à la perception d'une note de hauteur précise. Quand ils chantent un son grave ou un son aigu, il faut que les enfants prennent conscience de l'endroit où le son résonne dans leur tête (plutôt dans la gorge ou plutôt vers le front, etc.).

Matière

Le son peut avoir un aspect sonore plus ou moins lisse, rugueux, scintillant, épais, lourd, etc.
L'enfant le sentira d'abord physiquement au contact de l'objet qui résonne. Mais, il est toujours intéressant – si on dispose d'un magnétophone – d'enregistrer les sons

produits, et, ensuite, de les écouter avec les enfants. Ceux-ci pourront alors, à l'écoute, mettre des mots sur les sons obtenus, qualifier leurs sensations sonores, trouver peut-être des équivalences avec des matériaux qu'ils connaissent : c'est comme du velours, du sable, ça gratte, c'est tout doux, etc.

Quelques exemples :

- *Avec la voix*
  On peut chercher toutes sortes de timbres différents : soit *par exploration,* en agissant sur la forme du visage et l'ouverture de la bouche : demander aux enfants de faire des grimaces et de laisser sortir un son différent à chaque grimace,
  soit *par imitation,* en reproduisant des sons connus comme une porte qui grince, des pas sur le gravier ou des sons instrumentaux.
- *Avec des objets*
  – avec des noix : suivant que l'enfant agite ou laisse tomber les noix une à une, la sensation sonore est différente.
  – avec des oignons : fouiller dans un panier d'oignons, frotter les pelures les unes contre les autres, autant d'occasions d'explorations sonores.
  – avec du papier : le papier est une source inépuisable de découvertes sonores étant donné la grande variété de papiers et la multitude de gestes possibles pour le manipuler : agiter, déchirer, caresser, froisser, balancer, souffler, pincer avec une pichenette.
  – tableau de matières sonores : on demande aux enfants de coller sur un grand panneau différents matériaux qui résonnent (papier de verre qu'on gratte avec un crayon, polystirène, carton ondulé, paille, etc.). Chacun essaie, écoute, compare et essaie de définir le son obtenu.
- *Avec des instruments*
  Chercher toutes les sonorités possibles en manipulant les instruments. Là aussi, il est intéressant d'enregistrer les trouvailles et de les ré-écouter après pour mieux définir la qualité du son obtenu.

Densité

Un son peut être compact ou aéré suivant le nombre d'éléments qui entrent dans sa composition.

Par exemple, les sons de la pluie qui commence à tomber sont rares et deviennent de plus en plus denses à mesure que l'averse s'accroît. Mais une seule goutte d'eau qui tombe dans un lieu qui résonne, peut avoir, à l'écoute

plus d'importance qu'une pluie fine et régulière qui, bien que plus dense, fera moins de bruit. La densité n'engendre pas forcément un son fort.
Par exemple, on demande à une quinzaine d'enfants de faire un son, tous le même, « cloc » peut-être, puis

toujours ce même son avec deux enfants seulement. On compare avec les enfants le résultat sonore.
Autre exemple, avec des sons de piano : on demande à un enfant de jouer un « cluster » puis, à un autre enfant, de jouer un accord de deux notes seulement ou même une note. Les autres écoutent en fermant les yeux et doivent dire quel est le son qui contient le plus d'éléments. Il faut bien remarquer que cette notion de densité est différente de celle d'intensité : un cluster de dix notes peut être moins fort qu'un accord de deux notes.

LES QUALITÉS DU SON APPLIQUÉES AUX JEUX AVEC LA VOIX. TRAVAIL AVEC LES MOTS

Durée

a On choisit, avec les enfants, un mot de deux syllabes maximum. On demande aux enfants de lancer ce mot, de temps en temps et vivement, à des hauteurs de voix différentes. Pour que l'effet soit le plus musical possible, il faut partir du silence et avoir bien conscience de rompre son propre silence à chaque intervention. Ce jeu permet de ressentir le temps musical dans le rapport entre les interventions propres à un individu et celles des autres.

b Un enfant dit son prénom, un autre enfant essaie de retrouver l'impulsion rythmique contenue dans le prénom, en frappant dans ses mains. Par exemple, si le prénom « Véronique » est dit très vite, il peut être frappé ||| ou « Florent » | | .

c On peut aussi installer les enfants en demi-cercle avec, alternativement, un enfant assis devant le siège d'une chaise de manière à pouvoir taper sur la chaise, et un enfant assis sans chaise, et ainsi de suite.
On choisit un prénom ou un mot : le premier enfant le prononce, le deuxième enfant tape le rythme sur la chaise, le troisième enfant le prononce, le quatrième le frappe et ainsi de suite... Le jeu doit se dérouler assez vite et assez automatiquement. Bien sûr, un enfant peut très bien frapper le rythme très lentement s'il en sent la *nécessité rythmique* par rapport à ce qui précède. L'essentiel est que les enfants inventent des rythmes différents dans la manière de dire les mots pour créer des enchaînements de temps et de contre-temps intéressants. Par exemple :

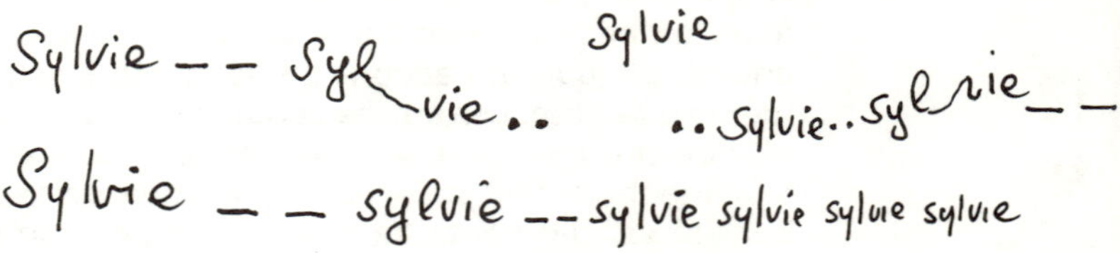

d Tous les enfants prononcent un mot choisi à l'avance (le même pour tous), très doucement et de manière continue pour constituer une trame. De temps en temps, chacun dit le mot très vite puis de nouveau se fond dans la masse de la trame.

e En fermant les yeux, les enfants s'appellent les uns les autres par leur prénom en jouant avec le rythme, la vitesse et la hauteur des prénoms et la durée des silences entre chaque intervention.

f Tous les enfants jouent une trame continue en disant un mot. Tout à coup, un enfant lance le même mot très fort et un silence total doit s'établir. Après un certain temps de silence, la trame reprend. Ce jeu permet aux enfants de sentir la durée nécessaire et suffisante d'un son, le moment où il faut installer une rupture, un autre rythme.

g Les enfants sont assis en deux rangs face à face et s'envoient alternativement un mot court, un mot long en variant la durée du mot court et celle du mot long. Il faut que les interventions soient sans hésitations comme dans un jeu de balle.

Intensité

a Un enfant chef d'orchestre indique les variations d'intensité aux autres enfants qui chantent une trame avec un mot déterminé à l'avance.

b Les enfants sont en demi-cercle. celui qui est à un bout du demi-cercle commence à dire le mot choisi, puis le deuxième enfant, puis le troisième, etc. Lorsqu'un enfant a commencé à jouer il ne doit pas s'arrêter. Quand tous les enfants jouent, c'est-à-dire quand la masse sonore est devenue forte, le dernier enfant qui a chanté s'arrête puis son voisin et ainsi de suite jusqu'à l'enfant qui avait commencé.
Ce jeu peut être compliqué en jouant aussi sur la densité des événements (voir Densité).

Timbre

Chercher toutes sortes de manières de dire un mot en déformant les syllabes (allonger, raccourcir, plus haut, plus bas), en parlant du nez, de la gorge, etc.

Hauteur

a Jouer avec les hauteurs des syllabes des mots en modifiant les hauteurs habituelles.

b cf. le jeu de durée « a »
Dans ce jeu, pour que l'improvisation soit musicalement intéressante, il faut que le mot soit dit à des hauteurs différentes.

Matière

Avec certaines syllabes de mots seulement, composer des trames qui, à l'écoute, auront une qualité sonore, une matière précise.

Densité

a Dans le jeu d'accumulation (voir Intensité, b), on peut aussi faire varier la densité des événements. Pour cela, on demande aux enfants de dire le mot de temps en temps ou, au contraire, très souvent.

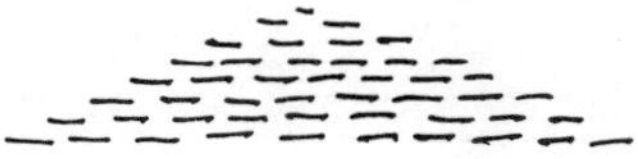

b Les enfants sont divisés en deux groupes : un groupe chuchote le mot très doucement, l'autre groupe, de temps en temps, lance le même mot d'une manière très compacte.

Tous ces jeux ont été réalisés avec des enfants mais ne sont que des suggestions. Il y en a bien d'autres à inventer à partir d'idées musicales précises.
Certains jeux seront plutôt destinés aux petits, d'autres aux plus grands. C'est à dessein que nous ne donnons pas d'indication autoritaire quant à l'âge possible d'utilisation.
En effet, ces jeux permettent une reconnaissance d'un territoire sonore. Chaque notion renvoie et fait partie d'une autre.
Par ailleurs, la progression chez l'enfant ne se mesure pas au nombre de notions acquises mais essentiellement à la qualité et à la justesse de son écoute.
Si les enfants sont capables de faire une improvisation en ne jouant pas tous en même temps mais en s'écoutant, en se répondant, en créant des événements musicalement intéressants, alors ils ont acquis une conscience musicale. Le reste viendra par surcroît.
Par ailleurs, le travail musical proposé met en jeu, non seulement l'écoute mais aussi la maîtrise du geste et la socialisation de l'enfant au sein du groupe. C'est donc à chaque pédagogue de juger de l'opportunité de proposer tel ou tel jeu suivant l'état à la fois social et musical du groupe dont il a la charge.

Seconde étape
Organiser

Au cours des jeux-expériences destinés aux enfants d'âge maternel, des *mots-clefs* sont apparus : geste, dynamique, énergie, qualité du son, matière, mouvement sonore, temps musical.
Si notre attention s'est portée spécialement sur ces mots et les notions musicales qu'ils recouvrent, c'est que, pour nous, ils conditionnent un apprentissage vivant de la musique et sous-tendent notre écoute particulière de la musique dans ses formes en mouvement.
Les idées de jeux-suggestions qui vont suivre seront toujours attachées à mettre en évidence le mouvement dans la musique et à permettre, pour l'enfant, le passage du *mouvement sonore* à la phrase puis à la *forme musicale.*

On l'aura compris au fil des jeux proposés et découverts avec les enfants : la musique n'est pas un système figé, donné une fois pour toutes. La musique est ce que la font être les hommes d'une génération, avec l'histoire musicale dont ils sont imprégnés et les moyens nouveaux qu'ils ont à leur disposition.
La musique a pris mille visages selon les siècles et les continents et n'a pas dit son dernier mot. Aux hommes de demain à la débusquer là où elle se cache, avec d'autres instruments d'investigation.
Mais, si les formes qu'elle dévoile varient d'un siècle à l'autre, ou d'un continent à l'autre, il n'en reste pas moins qu'elle a pour base un ingrédient invariable : le son.
Ce son est défini par certains paramètres que le compositeur d'une part, le consensus musical de l'époque d'autre part, organisent suivant un système de relations précis qui les font devenir des moments musicaux.
Par ailleurs, ce son n'existe que dans le mouvement jusqu'à présent ordonné par un geste (vocal ou instrumental), maintenant fabriqué aussi synthétiquement ou par calcul.
Ce sont ces notions fondamentales qu'il s'agit de faire découvrir aux enfants.

Avec *l'expérimentation*, ils sont confrontés au matériau sonore et à ses possibilités musicales.
Avec *la composition*, ils sont confrontés à la nécessité du choix musical et à la compréhension du fonctionnement structural de la musique.
Avec *l'écoute des musiques*, ils sont confrontés à l'histoire musicale et à la découverte des idées musicales.

Trois attitudes face au phénomène musical, complémentaires ;
Trois attitudes pour un éveil musical...

EXPÉRIMENTER

LE SON — LE GESTE

mis en œuvre
dans

LE JEU MUSICAL

« L'action d'une force introduit la vie dans un matériau donné, et cette vie s'exprime en tensions. Les tensions, de leur côté, donnent une expression intérieure à l'élément. L'élément est le résultat effectif de l'action d'une force sur le matériau. »

Kandinsky

Bien que cette citation concerne les éléments graphiques il semble qu'on puisse extrapoler et appliquer cette réflexion au domaine sonore.
On peut dire que la force du geste imprime au matériau sonore, une *tension.* Sans geste, sans mouvement, il n'y a pas de *son vivant.*
Cette tension se manifeste sous forme de *dynamique.* Le son prend, dans le temps, une certaine forme dynamique avec un début, un déroulement, une fin.
Le début du son, l'attaque, dépend du geste effecteur (au moins pour les sons non synthétiques). L'attaque peut être dure, douce, molle, forte, faible. Suivant le matériau sonore employé, l'attaque détermine ou non le déroulement futur, la courbe dynamique du son.
Si le matériau résonne beaucoup (par exemple un gong), un simple coup engendre tout une courbe de résonnances. Mais suivant l'attaque du son, la résonance sera plus ou moins longue, amplifiée ou éteinte.
D'autres matériaux nécessitent un « entretien » du son pour obtenir une courbe dynamique plus importante. Ainsi, les claves, instruments à résonance faible, ne donnent que des sons ponctuels. Aussi, pour obtenir une courbe dynamique plus ample, faudra-t-il réitérer les attaques, c'est-à-dire le geste.

La musique est constituée de l'organisation de ces effets dynamiques dans le temps, de l'organisation de ces tensions. Le *rythme* naît du jeu entre ces tensions.
Pour qu'un son soit vivant, il faut donc qu'il ait une dynamique précise et intentionnelle. Cette dynamique est imprimée au matériau sonore par un geste porteur d'une certaine énergie. En expérimentant par son propre geste différentes dynamiques sonores, l'enfant acquiert une *conscience du mouvement musical*, conscience fondamentale à l'appréhension du phénomène musical.
En effet, même les musiques apparemment les plus éloignées de cette origine gestuelle (musiques calculées par ordinateur, musiques faites par synthétiseurs) sont imprégnées de cette relation geste-son. Certes, les milliers de petits gestes nécessaires à la création d'une phrase musicale peuvent être maintenant remplacés par un calcul ou la transformation d'un dessin en son (machine à composer de Xenakis) mais la conscience musicale première est bien née de ce jeu de gestes musicaux et toute nouvelle conception de la musique n'est que le fruit d'une longue histoire basée sur ce geste premier (geste vocal ou instrumental).
De plus, la notation elle-même de la musique est issue de ce geste musical premier.
« L'écriture musicale occidentale est partie du geste qui permettait au chef de chœur de remémorer une courbe mélodique à sa chorale, ou au peuple chantant (chironimie). La courbe ainsi dessinée est devenue graphique :

Puis le neume ainsi constitué s'est référé à une base représentée par une ligne :

Une précision plus grande a été obtenue par la suite avec l'usage de plusieurs lignes :

J.F. Marie,
« Sur quelques problèmes de notation » p. 42-43

Qu'elle soit perçue ou lue, la musique se révèle donc à nous dans le mouvement.

« Ce que Merleau-Ponty dit de l'œuvre picturale, vaut aussi pour l'œuvre musicale (et pour toute œuvre d'art). « L'œuvre accomplie n'est donc pas celle qui existe en soi comme une chose, mais celle qui atteint son spectateur, l'invite à reprendre le geste qui l'a créée et, sautant les intermédiaires, sans autre guide qu'un mouvement de la ligne inventée, un tracé presqu'incorporel, à rejoindre le monde silencieux du peintre, désormais proféré et accessible. »

Raymond Court, in « Musique en Jeu », n° 12
Merleau-Ponty, « Le langage indirect et les voix du silence » « In Signes, p. 58 »

Il nous semble donc de la plus grande importance que l'enfant, si proche de la démarche fondamentale du musicien, ait accès à la musique par ce geste premier.

TRAVAIL HORIZONTAL

Jeux-apprentissage

VOIX ET CORPS : LE GESTE SONORE

Jeu de la balle de son

Les enfants sont debout, en rond ; ils s'envoient l'un à l'autre, une balle imaginaire, une balle de son. En même temps qu'ils font un geste, ils font un son correspondant à la trajectoire de la balle.
Pour être intéressant, ce jeu exige des réponses immédiates. Il faut que les enfants se renvoient le son très vite, presqu'automatiquement, en variant les rythmes de lancer et la rapidité des dynamiques.
Ce jeu est un exercice sur les dynamiques sonores et sur les enchaînements énergétiques.

Dissociation geste-son

Tous les enfants sont en rond. Un enfant, au milieu du cercle, dessine dans l'espace une trajectoire. Les autres enfants sonorisent avec la voix, cette trajectoire. L'essentiel est de conserver dans la sonorisation avec la voix, la même impulsion énergétique qui a été donnée avec le dessin dans l'espace.
Cet exercice doit donner aux enfants l'image du son en mouvement dans le temps et dans l'espace.

Visualisalion de la trajectoire

On demande aux enfants de dessiner au tableau plusieurs trajectoires de sons, assez différenciées.
Par exemple, dans une classe, les enfants ont dessiné :

A partir de ce dessin, on demande aux enfants de sonoriser ce qu'ils voient en s'attachant toujours à ce qu'ils respectent l'impulsion dynamique liée au geste qui a tracé le dessin du son.
Petit à petit viendront les problèmes liés à la représentation graphique du son en mouvement dans l'espace. Au début, le dessin n'est que la mise à plat du geste dans l'espace. Ce geste, devenu graphisme, d'un mouvement, va être l'occasion de s'interroger puis de préciser le rôle de la notation.
A quoi sert la notation ? Quels sont les éléments du son privilégiés par la notation. Choisir un type de notation est déjà faire un choix musical (cf. chapitre sur la notation). Et plus généralement, quel est le rôle de la codification ? La codification, qu'elle soit gestuelle ou graphique est-elle nécessaire... ?
Par exemple : Comment noter la vitesse, sur un dessin de ce type ? Faut-il la noter ? ou bien l'indication du chef d'orchestre, au moment de l'exécution, suffira-t-elle ?

Au début, les enfants, en regardant le dessin, sonorisent une globalité, ne faisant aucune différence entre hauteur et intensité par exemple. S'ils voient une courbe montante et descendante, ils font à la fois des sons qui montent et descendent dans les hauteurs et des dynamiques crescendo-decrescendo. Ils ont aussi tendance à confondre, dans leur pratique, vitesse et intensité, c'est-à-dire qu'ils jouent vite *et* fort, ou lentement *et* doucement.
Le dessin peut être l'occasion de poser clairement ces problèmes... et de trouver une solution pour les résoudre !

En général, le graphisme spontané et l'interprétation qu'en font les enfants peut permettre de préciser certaines notions musicales ressenties intuitivement.
Par ailleurs, le dessin, interprété d'abord avec la voix, peut ensuite être interprété par différents instruments. Là encore, dans ce travail « d'orchestration », les enfants devront s'interroger sur la fonction du dessin et ce qu'il représente, sachant que l'essentiel est toujours de préserver le mouvement vital qui a présidé à l'élaboration du graphisme.

En effet, il ne faut jamais perdre de vue que la *musique* est *mouvement*.

Jeu de pas

a Chaque enfant, à tour de rôle, essaie de trouver avec ses pieds, une dynamique de pas particulière et différente de l'enfant précédent : pas glissés, pas sautés, pas courus, de plus en plus vite ou de moins en moins vite, à cloche-pied lentement, à cloche-pied vite, pas irréguliers, un pas glissé - un pas tapé, etc.
On demande ensuite aux enfants, par petits groupes (cinq enfants, par exemple) de trouver un enchaînement cohérent des dynamiques expérimentées auparavant. Par exemple

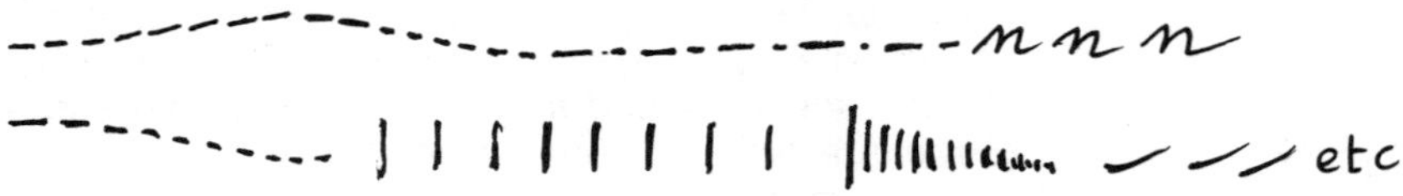

Avec les pas, on peut jouer sur les rythmes, sur les vitesses, sur les intensités. Au début, on s'attachera surtout à la spontanéité des enchaînements qui reflètent la logique du dynamisme général. Puis, on fera remarquer les composants (vitesse, rythme, intensité) d'un pas même simple, pour affiner les connaissances musicales et les rendre conscientes.

b Sur un dessin de trajectoire sonore découverte au préalable, on demande aux enfants de faire des sons avec les pas.
Pour rester fidèles à une dynamique précise et la traduire dans leurs pas, les enfants devront ressentir corporellement l'évolution énergétique des sons.

Contrastes dynamiques

Après avoir joué avec les pas, avec les enfants de classes de perfectionnement, ceux-ci nous ont proposé une « suite » à ce jeu, que voici. Chaque enfant court puis tombe, à des vitesses différentes. Chacun le fait d'abord seul, puis les enfants le font en groupe (7 maximum), sous forme d'improvisation, chaque enfant jouant de sa chute et de ses pas comme un instrument.
La course peut être plus ou moins rapide, ou plus ou

moins forte et la chute peut être plus ou moins dure ou douce.
L'élément de base : course + chute est un élément qui, organisé, peut donner lieu à une structure musicale, par exemple : gamme montante ou descendante + accord ou instrument seul + plusieurs instruments ou instrument seul qui joue une gamme montante ou descendante + plusieurs instruments jouant un accord ; si l'on joue avec cet élément de base multiplié, on obtient par exemple

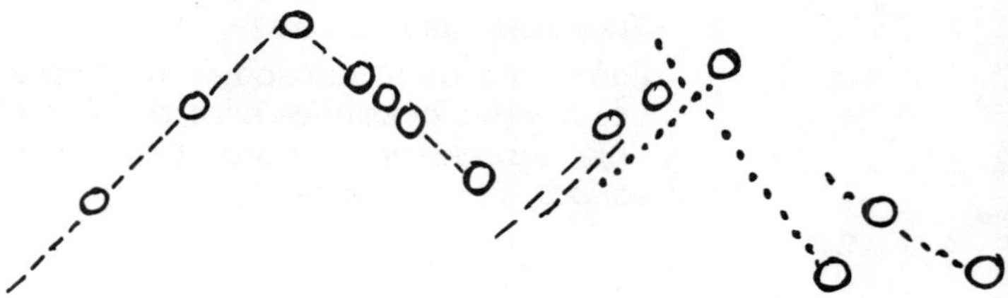

Sports

On demande aux enfants de choisir un sport et d'en dégager les éléments dynamiques moteurs.
On commence par décrire sonorement les éléments dynamiques puis on cherche à qualifier ces éléments découverts : sons continus ou discontinus, organisation temporelle de ces éléments.
Par exemple :

- le tennis — sons ponctuels et pointillés

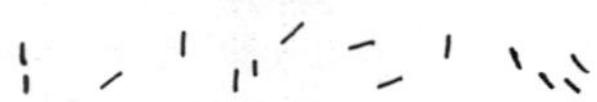

- l'escrime — sons ponctuels mais de forme allongée

- la natation — forme des sons liée à la respiration

- le ski — sons plutôt continus avec des « bosses » d'intensités suivies de silence

Chaque sport a une organisation interne des dynamiques qui peut être utilisée musicalement. Cette organisation joue le plus souvent sur la notion de tension-détente, idée musicale tellement familière. Le travail avec les enfants consiste à faire émerger abstraitement l'organisation dynamique et temporelle des éléments puis à exploiter cette idée musicalement (avec la voix, avec les instruments).
Il ne s'agira plus alors de mimer un sport mais, à partir d'une idée de structure, d'inventer une séquence musicale.

Bandes dessinées

(idée tirée de « Stripsody » de Cathy Berberian)
Les bandes dessinées sont truffées d'onomatopées qui, déjà *visuellement*, portent en elles une *dynamique sonore*, par exemple :

On demande aux enfants de se constituer, personnellement, une sorte de répertoire de ces onomatopées, puis de les dire à haute voix en respectant surtout la qualité énergétique des sons.
(S'ils ont des livres de bandes dessinées sous la main, on leur fait remarquer la forme selon laquelle ces onomatopées sont dessinées et combien cette forme visuelle est déjà suggestive d'une forme sonore).
Il est à remarquer qu'il est naturel aux enfants d'accompagner le son d'onomatopées qu'ils font avec la voix, d'un geste avec le corps. C'est presqu'automatique, comme si ce geste aidait à imprimer au son vocal, une dynamique précise, juste et riche.
Après ces essais, on retient les onomatopées les plus vivantes et les plus variées en courbes énergétiques et de hauteurs.
On essaie alors d'en faire une musique, c'est-à-dire de constituer à l'aide de ces différentes onomatopées, une courbe dynamique générale cohérente et vivante avec des instants de suspension, des silences, des rebondissements (cf. chapitre structuration).
Si les enfants le désirent, ils peuvent noter sur une feuille la forme des sons, mais il ne faut pas que cette notation entraîne une stérilisation du son.

Par ailleurs, l'enchaînement des sons doit se faire en fonction de ce qu'on *entend* et non de ce qu'on *voit*.

LE GESTE INSTRUMENTAL

Qualification des sons

Dans une classe, les enfants ont construit des instruments simples avec des élastiques et des boîtes de polystyrène.
On leur demande de trouver des *gestes* pour obtenir des *qualités de sons* différentes.
Dans cette classe, on a retenu 2 gestes qui produisent des sons contrastés : le geste de caresser qui produit des sons « mous » (d'après l'appellation des enfants) et le geste de pincer qui produits des sons « secs » (toujours d'après l'appellation des enfants).
Là encore, la dynamique du son est liée à celle du geste.
Les enfants, à partir de ce geste instrumental, sont en possession de certains types de sons qu'ils pourront exploiter avec bien d'autres instruments que l'instrument d'origine.

Courbes dynamiques avec les maracas

Avec des maracas (que les enfants peuvent fabriquer eux-mêmes : deux pots de yaourts collés l'un sur l'autre et remplis de graines diverses), on leur demande de chercher des dynamiques différentes : ils peuvent soit secouer les maracas brièvement avec des rythmes précis, soit les agiter légèrement de façon continue ou plus ou moins fort.
A l'écoute du résultat sonore, on leur demande de définir la dynamique perçue.
On peut aussi, à l'inverse, à partir du dessin d'une dynamique (cf. le geste sonore p. 40), leur demander de reproduire cette dynamique avec les maracas.

Applications à la voix

a Si on a trouvé, par exemple, des qualités de sons telles que « mou » et « sec », on demande de retrouver la même qualité énergétique en faisant un son avec la voix (soit un son, soit un mot, soit une syllabe de mot, soit avec une consonne, soit avec une voyelle).
En même temps qu'ils se rendront compte des infinies

possibilités de la voix, ils imprimeront aussi, consciemment, au son avec la voix une dynamique précise et découlant directement d'un de leurs gestes.

b Avec un mot entier ou une syllabe ou seulement une voyelle ou une consonne, les enfants lancent un son très vite (son sec), quand ils en ont envie, individuellement. Les rythmes aléatoires qui surgissent du silence peuvent créer des rebondissements intéressants.

c Mélange voix-instruments
Imaginons que les enfants aient trouvé ces deux profils dynamiques et que par ailleurs, ils aient trouvé les qualifications « sec » et « mou » (cet exemple est tiré d'un travail réalisé avec les enfants) on peut leur demander de jouer avec la voix et les instruments soit :

puis d'inverser, soit :

et de choisir quelle partie ils réalisent de manière sèche ou molle, ou si l'ensemble du motif sera « sec » ou « mou ».
Puis, on demande aux enfants de trouver d'autres sons à mettre sur le même dessin.
Tout en ne gardant que deux sortes de sons maximum, on divise la classe en deux groupes,

- l'un chargé du profil 
- l'autre, du profil

Un chef d'orchestre jouera alors de ces deux éléments pour faire une composition dans le temps.
A partir de ces deux éléments, on demande aux enfants de faire, individuellement, une petite partition où ils auront à organiser dans le temps et dans l'espace ces deux éléments. On joue alors chaque partition.
Ce travail sur une petite partition demande à l'enfant, d'une part d'arriver à entendre silencieusement *ce qu'il écrit* sur le papier, d'autre part, de savoir dire, après l'exécution, si le résultat est conforme à ce qu'il avait imaginé.
C'est un réel travail d'*écoute musicale* qui demande un long apprentissage.

d Variations sur un même thème
On choisit le dessin d'une trajectoire.
A cette trajectoire, on applique des variations de durée, de vitesse, d'intensité.
Après chaque exécution du dessin, on ponctue la fin de la trajectoire par un coup sec de maracas (ou de tambourin ; il faut qu'il y ait contraste).
Le silence entre chaque intervention peut aussi varier, c'est même souhaitable pour qu'il se dégage un rythme général.
Ce jeu se fait en deux groupes.
L'organisation des éléments dans le temps se constitue à travers le *jeu*.

Au cours des *jeux-apprentissage*, nous avons découvert le *mouvement sonore* à travers la notion de dynamique. Nous avons aperçu comment il peut donner lieu à la *phrase musicale*.
Les *jeux-dispositifs* vont permettre d'organiser ces phrases en compositions plus étendues.

Note
On a souvent déploré les classes trop chargées en nombre d'enfants et les inconvénients qui en résultent quant à la qualité du travail. Au risque de surprendre, et bien que connaissant les difficultés qui peuvent naître d'un nombre trop important d'enfants dans une classe, nous pensons que, pour aborder la musique, il peut être un atout. En effet, certains paramètres musicaux seront rendus plus sensibles si les masses sonores mises en jeu peuvent être plus diversifiées (par exemple, la densité, l'intensité, les contrastes). De plus, les compositions pourront être plus riches si on peut disposer d'un « grand orchestre » et donc de possibilités accrues de choix.

Jeux-dispositifs

Dans chacun des jeux-dispositifs suivant, est contenue une *idée musicale*, succinte bien sûr mais pouvant donner lieu à des développements ultérieurs ou s'insérer dans une composition plus vaste. *Dispositifs simples d'improvisation, dispositifs plus complexes, structuration* : trois étapes pour mettre en œuvre les éléments découverts auparavant.

DISPOSITIFS D'IMPROVISATION

Accumulation

Cette idée musicale a déjà été abordée au cours de l'étude de la densité.
Les enfants sont en demi-cercle. D'abord, un enfant lance un son puis le deuxième, puis le troisième et ainsi de suite, chacun continuant dès qu'il a commencé. On va ainsi jusqu'au bout du rang, puis on revient en arrière, c'est-à-dire que chacun se tait progressivement ce qui crée un phénomène de désaccumulation.
Si on dispose d'un magnétophone, on enregistre le phénomène d'accumulation puis quand les enfants ont fini de jouer, on leur fait ré-écouter puis dessiner la forme qu'ils ont entendu.
Exemples de dessins faits par les enfants à la suite de l'écoute :

Suspension

On choisit avec les enfants de jouer une trame composée de différents timbres d'instruments mais avec une unité d'allure, par exemple : claves, métallophone et triangles, joués très rapidement avec les coups légers en « pointillé ».

Un chef d'orchestre règle les *temps de silence* entre les interventions de la trame, par un *geste* qu'il laisse en *suspension.* Petit à petit, il module la trame, c'est-à-dire qu'il donne une forme aux interventions par des gestes qui indiquent les modulations d'intensités.
La vie de la trame doit venir du sens musical de l'enfant chef d'orchestre.

Vagues

On divise les enfants en deux groupes (par la suite, on pourra augmenter le nombre de groupes). Chaque groupe joue d'une sorte d'instrument (par exemple : un groupe de maracas, un groupe de claves). Un chef d'orchestre fait signe au premier groupe de partir. Au début, ce groupe joue doucement puis de plus en plus fort pour diminuer ensuite. Lorsque ce premier groupe est au sommet du crescendo, le chef d'orchestre fait signe au deuxième groupe de partir. Celui-ci joue crescendo alors que le premier groupe joue diminuendo et ainsi de suite. Pour que ce jeu devienne musical, il faut que le chef d'orchestre introduise des variations de durée de chaque élément crescendo-decrescendo.

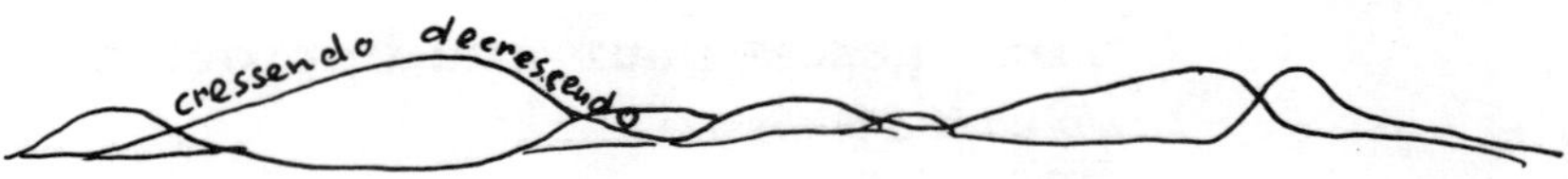

Ce jeu fait intervenir la notion de *temps musical* liée à la respiration musicale. C'est à l'enfant maître d'œuvre de sentir les impulsions à donner par ses gestes au déroulement temporel de la séquence.
On peut plus tard faire intervenir 3 ou 4 groupes. Tout

dépend de la *musicalité interne* acquise par les enfants et de leur faculté à l'exprimer.

Bosses d'intensité

Les enfants sont en rond.

On choisit une hauteur de note précise. Le jeu consiste d'abord à « se passer » la note comme si une seule personne chantait. La ligne mélodique doit être absolument continue. Ce jeu demande un écoute particulièrement attentive pour pouvoir relayer le voisin avant qu'il n'ait plus de souffle, et sans « à-coups ».

Lorsque le passage d'un son à l'autre c'est-à-dire d'un enfant à un autre est maîtrisé au point de n'entendre qu'un seul son continu qui tourne, on organise sur cette ligne mélodique des « bosses d'intensité ».

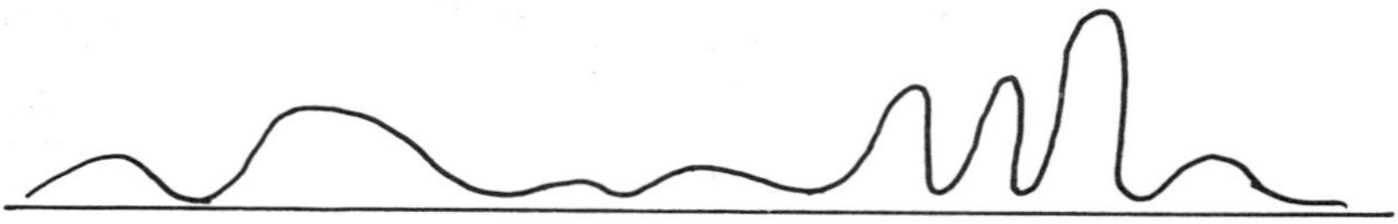

Chaque enfant doit, tout en gardant la même hauteur de note, amplifier l'intensité du son puis la diminuer. Ce jeu est difficile. En effet, on a souvent tendance à changer la hauteur du son en même temps que son intensité. Il faut donc veiller à ce que cela ne se produise pas.

Petit à petit, on répartira les « bosses » d'une manière plus musicale c'est-à-dire qu'il faudra éviter que chaque segment de son soit de durée égale d'une part, et que les montées et descentes des « bosses » soient de même intensité d'autre part.

Pour que l'ensemble du dessin devienne musical, il faut que durées et intensités soient variées et dans un rapport de dynamiques cohérent à l'écoute.

Trois gestes pour une improvisation

Un chef d'orchestre.
Trois groupes.

On choisit trois dynamiques inventées par les enfants, par exemple :

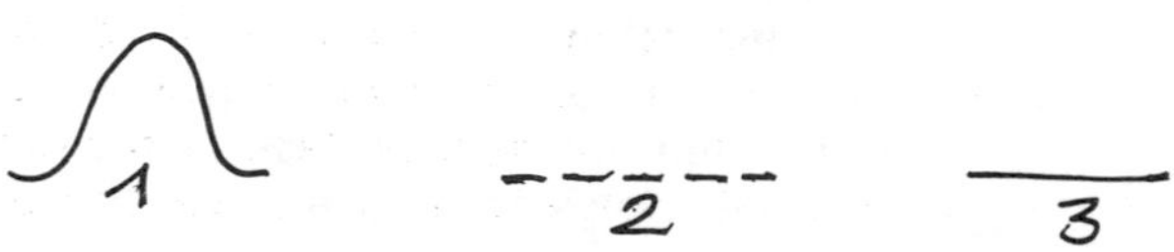

Ces dessins sont exposés au tableau et numérotés.
Le chef d'orchestre joue avec ces trois éléments, en désignant le chiffre avec ses doigts et en faisant des gestes qui indiquent durée et intensité (gestes convenus à l'avance avec les autres enfants). Il peut soit faire se succéder les groupes, soit les enchaîner, soit les mélanger et bien sûr *rythmer les interventions* par des *silences*. Avant de commencer, chaque groupe se met d'accord sur la manière dont il va colorer la dynamique qu'il a choisi (instrument ou voix). Pour préserver une unité de jeu, ce choix ne sera plus remis en cause pour cette improvisation-là.
On peut ensuite, avec les mêmes profils dynamiques, faire une autre improvisation mais en changeant les timbres avant l'improvisation. Devoir faire surgir le son d'une manière précise est un travail musical pour le chef d'orchestre qui doit *entendre intérieurement* ce qu'il veut faire exister et le faire passer musicalement dans ses gestes.
Il doit aussi, si le résultat n'est pas conforme à son attente, préciser son écoute interne et tenir compte des remarques des groupes quand à la perfection de la direction et du résultat obtenu.
Il est très important que les enfants parlent de l'exécution après l'improvisation car ils précisent ainsi leurs choix musicaux et font émerger dans leur conscience, *le « musical »*.

Trame longue et sons pointus + silence

Enfants en rond.
On choisit une syllabe d'un mot ou un mot court. Tous les enfants disent cette syllabe, chacun à son propre rythme mais en étirant le son. On doit entendre comme une trame constituée de sons longs.
Tout à coup, un enfant resserre la syllabe en un son très court. Tous les autres font de même et s'arrêtent aussitôt après avoir dit une fois la syllabe contractée.

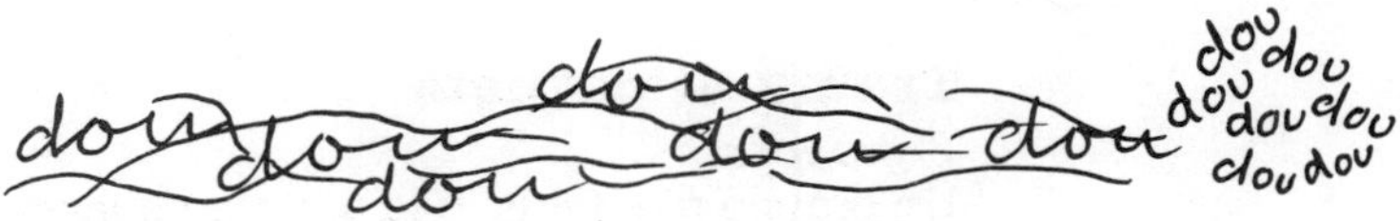

De nouveau la trame repart, et ainsi de suite.
Cette petite séquence reproduite plusieurs fois, exige des enfants une écoute attentive du temps musical, c'est-à-

dire qu'ils doivent sentir le moment où la trame a assez duré pour pouvoir l'interrompre et le temps de silence nécessaire avant de recommencer. Ce jeu se fait *sans chef d'orchestre.* C'est au groupe d'enfants à sentir la cohésion de l'ensemble du déroulement musical.

Paquets de mots

Un enfant lance un mot avec une qualité dynamique précise (par exemple, si on reprend la qualification trouvée par les enfants), un son sec, soit :

Les autres enfants, dès qu'ils entendent le son, se greffent dessus très vite et lancent très rapidement le même son avec le même genre de qualité dynamique. Chacun le fait à son rythme mais immédiatement. Puis, tout le monde s'arrête aussitôt son intervention terminée. Pour que l'effet soit réussi, il faut que ce soit un peu comme un feu d'artifice qui éclate et meurt aussitôt. On essaie ainsi plusieurs sortes de « paquets ».
Puis un chef d'orchestre rythme l'intervention des « paquets » de sorte que, dans le temps, l'ensemble de la relation « paquets-silence » produise un effet musical.

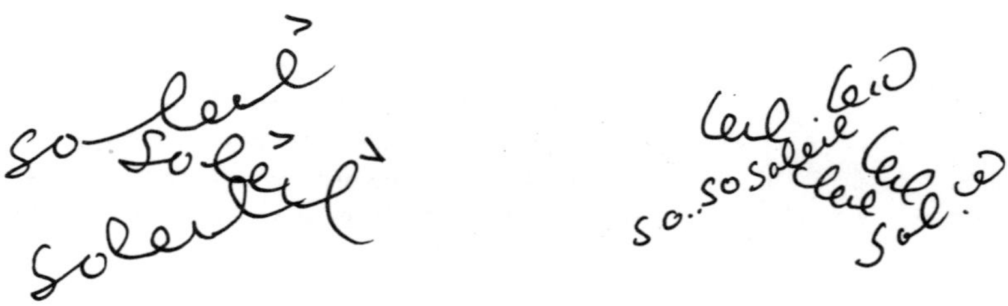

Trame + paquets

2 groupes.
Un groupe d'enfants joue une trame avec la voix ou avec les instruments, par exemple une trame constituée de « tic » et « tac » légers, rapides et aigus.
Un autre groupe, de temps en temps, lance des « paquets » de mots ou de syllabes (cf ci-dessus).

Il faut choisir à l'avance de quel son de base seront constitués les paquets pour qu'il y ait une unité dans les paquets d'une part, et que les sonorités des paquets s'accordent avec celles de la trame. Pour ce faire, on prendra soit un son contenu déjà dans la trame, soit un son en opposition.

Au début, un chef d'orchestre peut décider des interventions des « paquets », mais l'idéal est d'arriver à ce que les enfants « sentent » le moment nécessaire pour intervenir sans être dirigés. Ils peuvent arriver à ce consensus musical par ce genre de pratique.

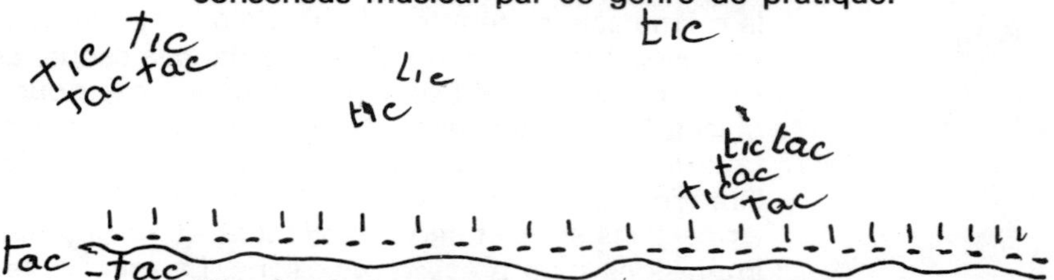

Variation sur trame + paquets

On peut demander aux enfants de jouer la trame avec la voix et les paquets avec des instruments. Ou encore de jouer la trame avec des instruments et les paquets avec la voix.

Il faut alors choisir soigneusement les instruments pour que les timbres des paquets et de la trame soient en harmonie.

Trame + mots de temps en temps

Les enfants jouent une trame constituée d'un mot. Chacun dit le mot à son propre rythme mais d'une manière décidée à l'avance par tous et pour tous, par exemple en étirant le mot ou, au contraire, en le disant très vite. De temps en temps, chaque enfant, quand il sent le moment propice, fait émerger le mot plus fort que la trame puis se fond de nouveau dans la trame. Si les enfants sont assis par terre, ils peuvent se lever au moment où ils lancent le mot puis très vite se rasseoir. L'ordre d'intervention n'est pas fixé à l'avance, car les interventions doivent naître du jeu lui-même.

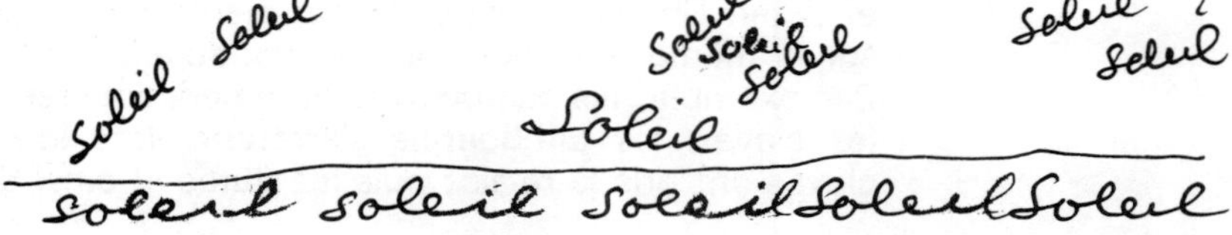

Boucle rythmique à 5 instruments

5 enfants.

5 enfants se mettent en rond, chacun ayant un instrument différent (si ce n'est pas possible, il faut au moins trois instruments différents). Ils se placent de sorte qu'il n'y ait pas deux instruments de même nom côte à côte.

Chacun son tour joue un *son avec une dynamique précise.* Chacun doit tenir compte de ce qui a été joué avant pour y ajouter une suite logiquement musicale. Quand le tour est fini, on demande aux enfants de rejouer la même séquence et on demande à la classe de donner son avis. Il faut en effet qu'il y ait dans la séquence ainsi trouvée, suffisament de dynamisme interne pour qu'elle puisse tourner sur elle-même. Pour obtenir cet effet, il faudra sans doute améliorer la répartition des durées à l'intérieur de la séquence c'est-à-dire allonger ou raccourcir certains sons et certains silences et aussi donner des impulsions plus précises aux sons. Là encore, le geste est de la plus haute importance, il faut que les sons soient menés avec certitude. Si le geste est mou, le son sera sans intérêt, il faut sentir, à l'écoute, une *volonté musicale.*

Tout ce travail de précision est un travail musical. Mettre au point une « boucle » demande une écoute attentive et un jugement sur le temps musical. Le temps musical n'est pas la durée mesurée. Le temps musical se sent, s'expérimente plus qu'il ne s'apprend.

Tout le travail d'éveil musical entrepris jusqu'ici doit permettre aux enfants justement de sentir intérieurement le déroulement dans le temps de l'organisation des sons en mouvement.

Les boucles en tant que dispositif, serviront comme éléments de structures plus complexes.

Fondu enchaîné de timbres

Autant de groupes qu'il y a de sortes d'instruments dans la classe (par exemple : tambourins, claves, flûtes, triangles, pianos d'enfants, xylophones).

Avec un geste précis et rapide, un enfant lance une pulsation, par exemple un rythme régulier mais très vif et léger. Chaque groupe d'instruments joue à son tour sur la même pulsation mais en fondu-enchaîné.

Par exemple, les tambourins commencent, relayés par les claves, les tambourins s'arrêtent alors lorsque les claves ont pris le relais ; puis les flûtes et ainsi de suite.

Une fois ce principe d'enchaînement bien compris, on demande aux enfants de classer les instruments *par ordre de hauteur* (pour les flûtes, xylophones et pianos, on choisira une hauteur précise pour chaque groupe d'instruments mais aussi différente, par exemple, tous les pianos joueront sur le do, toutes les flûtes sur le fa et les xylophones sur le la).
On recommence alors le fondu-enchaîné mais cette fois, en respectant l'ordre des hauteurs. On peut monter puis descendre ou, au contraire, descendre puis monter.
On peut plus tard ranger les instruments suivant un ordre de hauteur et aussi jouer avec les durées d'intervention de chaque groupe d'instruments pour créer un rythme dans le déroulement du fondu-enchaîné.
On peut aussi jouer avec les intensités.
Petit à petit, en jouant avec tous ces paramètres, il se créera une séquence musicale.
On peut aussi jouer avec les *densités,* c'est-à-dire employer, au cours du fondu-enchaîné plus ou moins d'instruments suivant les moments. Par exemple le premier groupe commence avec un nombre important d'instruments, le deuxième groupe enchaîne avec un nombre moins important, le troisième encore moins et ainsi de suite jusqu'au dernier groupe où il peut n'y avoir qu'un seul instrument qui joue.
On peut aussi établir la progression inverse ou encore jouer avec les contrastes de densités répartis tout au long du fondu-enchaîné.
Il faut, de toute façon essayer le plus de solutions possibles et toujours discuter du résultat avec les enfants. Au cours de la discussion émergera petit à petit leur conscience musicale. Dire qu'une séquence est plus musicale qu'une autre exige de savoir repérer quel élément rend cette séquence musicale et de savoir l'exprimer par des mots. Cela fait aussi partie de l'éveil musical.
On peut aussi classer les instruments par *ordre de résonance* et organiser un dispositif qui ira du son le moins résonnant au son le plus résonnant, ou bien l'inverse.

Pour l'anecdote : Cette idée de dispositif du fondu-enchaîné nous est venu alors que nous jouions une partition écrite par les enfants.
Il se trouve qu'un des enfants suivait mal la partition et, alors que tous les tambours venaient de jouer et que, selon la partition en cours, on attendait le silence total,

on entendit soudain un léger battement rapide. Un enfant tapait légèrement et rapidement son crayon contre sa règle. L'effet était très joli, la pulsation était intéressante. Nous décidâmes sur le champ de l'exploiter avec toute la classe.
Il arrive ainsi, souvent, qu'au cours du travail, une idée musicale apparaisse qu'il faut saisir au vol et qui permet de progresser.

DISPOSITIFS PLUS COMPLEXES

Quatuor

4 groupes.
On divise la classe en 4 groupes : deux groupes jouent avec la voix, deux groupes jouent avec les instruments.
On choisit deux qualités énergétiques de sons (par exemple pour reprendre encore une qualification découverte par les enfants : sec et mou).
Un groupe voix sera chargé des sons secs.
Un groupe instrument sera chargé des sons secs.
Un groupe voix sera chargé des sons mous.
Un groupe instrument sera chargé des sons mous.
Un chef d'orchestre dirige les groupes en faisant alterner ou en mélangeant les 4 éléments et en jouant avec les intensités, les durées, les silences, les ruptures.
La réussite de l'improvisation dépend à la fois de *l'écoute intérieure du chef d'orchestre* – il doit savoir intérieurement ce qu'il veut faire apparaître – et du *jeu* qui se crée *entre les éléments* suivant la réaction des groupes aux gestes du chef d'orchestre.

Là encore, l'improvisation doit absolument être commentée par les enfants et le professeur. En effet, l'analyse et la critique permettent de mieux percevoir les éléments musicaux les plus justes. En essayant de définir, de mettre des mots sur les formes qu'ils viennent de créer, les enfants progressent dans leur connaissance et leur conscience musicale.

Boucles + masses

1 groupe de 3 ou 5 enfants
Le reste de la classe divisé en 2 groupes
Un groupe de 3 ou 5 enfants invente une « boucle » (instrumentale ou vocale) – nous avons vu dans les

dispositifs d'improvisation comment constituer cette boucle.
Par ailleurs, le reste des enfants est divisé en deux groupes : l'un est chargé de jouer les séquences de sons *continus,* l'autre, les séquences de sons *discontinus*.
Il faut évidemment déterminer à l'avance quels seront ces sons continus et discontinus, pour que le tissu sonore de ces séquences soit homogène.
Il faut décider du matériau employé : voix ou instrument, quel instrument, quelle sorte de sons avec la voix ; un seul ou plusieurs instruments ; mélanger ou non voix et instrument.
Puis il faut décider de l'allure générale de chaque tissu continu ou discontinu : pour les sons discontinus, il faut savoir s'ils seront rapides, lents, denses, dispersés, sur une même hauteur ou à des hauteurs différentes. Les enfants joueront-ils ensemble ou chacun leur tour, ou de manière aléatoire ?
De même pour les sons continus : seront-ils lisses, avec ou sans accidents de hauteur, épais ou minces, lents ou rapides ?
Une fois fixés les rôles de chacun le chef d'orchestre *organise ces éléments dans le temps,* joue avec les intensités, les durées, les silences, les surprises. Il peut demander à la « boucle » de jouer une fois ou au contraire plusieurs fois de suite. La boucle est comme un leitmotiv. Elle peut couper une séquence de sons continus ou discontinus ou au contraire, s'y mêler discrètement.
Par contre, les séquences de sons continus et discontinus ne peuvent, dans ce dispositif, jamais être mélangées. Là aussi, le chef d'orchestre doit être particulièrement à l'écoute du temps musical pour pouvoir prendre les décisions nécessaires au bon moment.

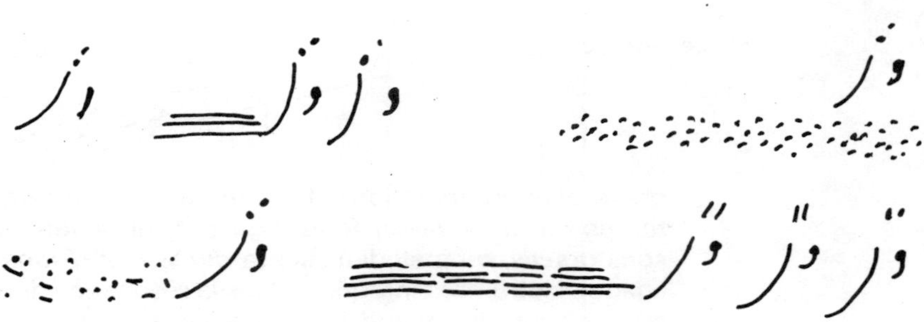

Sons résonnants et sons secs

2 groupes

Un groupe d'enfants est chargé des sons résonnants (xylophones, triangles). Un deuxième groupe est chargé des sons sans résonance (claves, blocs chinois, tambourins).

Un chef d'orchestre joue avec les deux groupes : interventions simultanées ou successives, fondus-enchaînés, interventions rapides suivies de silence. Au chef d'orchestre de trouver un sens musical à ces éléments et de le faire sentir aux joueurs.

Travail pour chaque groupe :

- *sons résonnants :* on peut travailler sur la *densité* des interventions (accumulation, aléatoire, interventions régulières) ; sur les *hauteurs* (trouver une organisation interne des hauteurs : du plus grave au plus aigu, ou fond

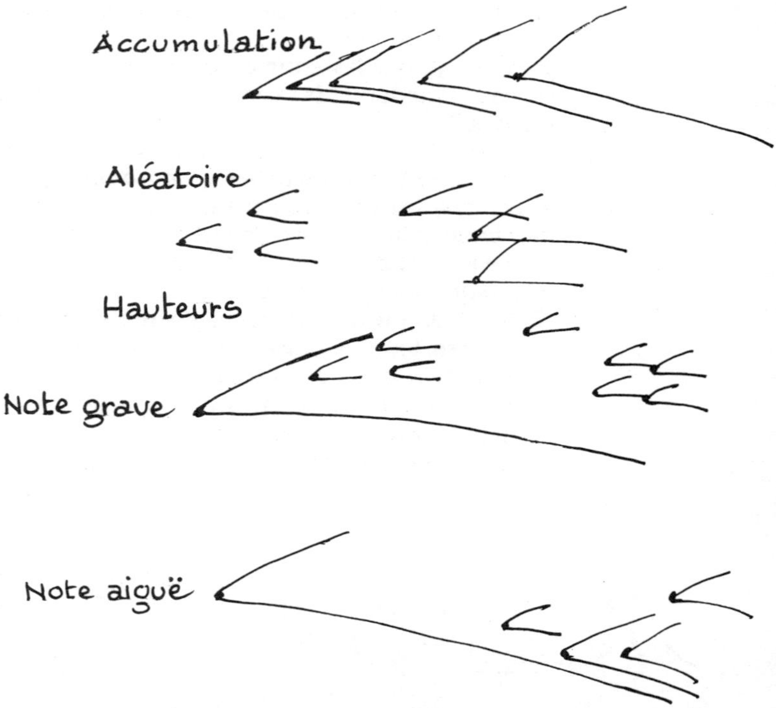

grave avec interventions de notes aiguës de temps en temps ou, à l'inverse, fond aigu avec interventions de sons graves, ou mélodie) ; sur la *durée des résonances* : chaque instrument intervient dans la résonance de l'autre ou, au contraire quand la résonance est éteinte.

- *sons à percussion sèche :* on peut travailler sur les *densités* et les *hauteurs* et surtout sur les *rythmes* des *interventions* de chaque instrument : tous les instruments jouent la même pulsation, rapide, mais en décalage ; ou tous les instruments jouent exactement au même moment des sons brefs ou chaque joueur a une cellule rythmique précise à jouer, toujours la même à chaque

Les bâtons ne représentent que des impulsions ; libre à chacun de les organiser comme il veut, par exemple : ce peut être 1 frappé suivi d'un silence, suivi de 2 frappés plus rapprochés, ce que nous pourrions écrire en notation proportionnelle. Le schéma ne représente qu'un dispositif dont le contenu est à trouver avec les enfants. Une fois le rythme interne à la cellule rythmique décidé, il reste immuable tout au long de l'improvisation. Par contre, chacun peut jouer sa cellule quand il veut, créant ainsi des polyrythmies imprévisibles. Cela nécessite de la part de chacun une grande conscience intérieure du rythme, pour ne pas se laisser perturber par les autres.

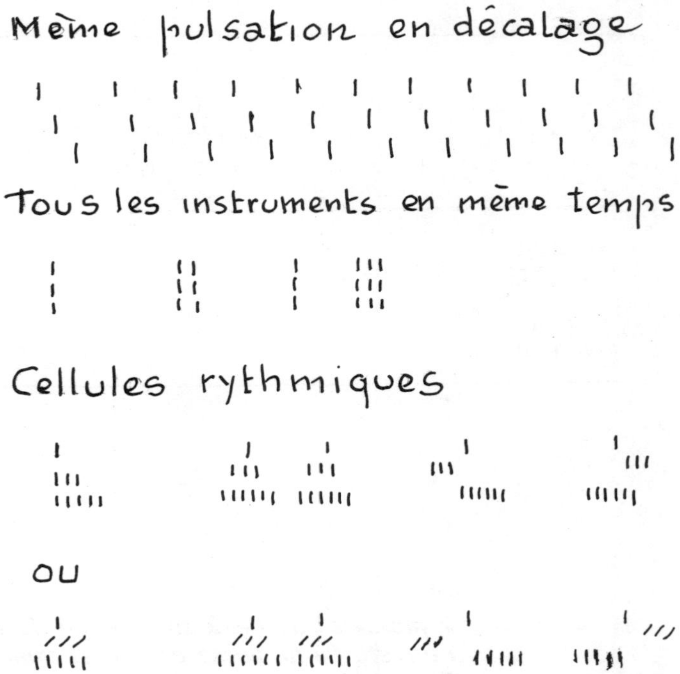

intervention (par exemple l'un devra frapper 1 fois son instrument, un autre 3 fois, un autre 5 fois, le rythme des frappes étant lui aussi fixé : par exemple, pour une frappe deux coups-un coup bref, deux coups longs. Ces rythmes de frappes sont à essayer spontanément. On ne conservera que les rythmes les plus vivants).

Le chef d'orchestre décide de ce qu'il veut entendre et de la durée des interventions de chaque groupe.

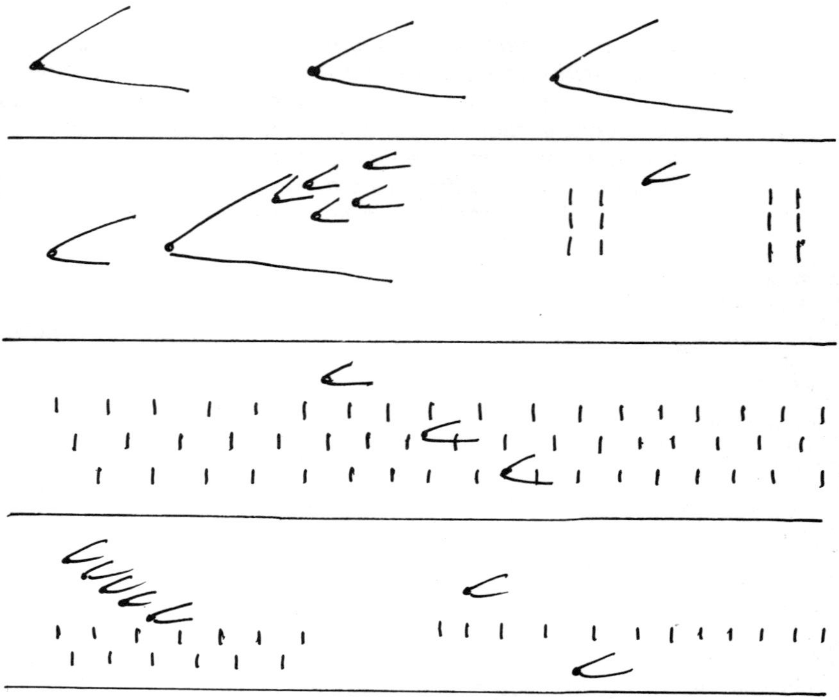

Jeu de boucles

2 groupes : un de 3 enfants, un de 5 enfants.
Le reste de la classe écoute et donne son avis.
Chacun des groupes invente une « boucle » intéressante c'est-à-dire une cellule qui ait suffisamment de dynamisme interne pour pouvoir tourner sur elle-même.
Quand chaque boucle est au point, on essaie de les faire fonctionner ensemble. Il faut évidemment qu'elles soient de durées et de rythmes différents pour qu'il se crée des décalages rythmiques quand elles sont jouées ensemble.
Une fois le mécanisme bien compris, on complique le jeu. Au sein de chaque boucle, chaque joueur peut, s'il le désire « *passer son tour* », sans avertir ses partenaires et reprendre son tour normalement plus tard. Lorsqu'on passe son tour, la boucle doit continuer comme si on avait joué. Les autres joueurs doivent donc être sûrs,

intérieurement, du rythme de la boucle pour ne pas se laisser désarçonner par un silence imprévu. Il peut arriver que tous les joueurs passent leur tour au même moment. Le temps de la boucle doit être suffisamment intériorisé pour que les joueurs reprennent exactement au bon moment leur place.
Ce jeu de boucles peut se faire à trois ou quatre ou même plus de boucles. C'est un jeu qui demande un grand sens de l'*écoute* et du *temps musical.*
Il peut se faire aussi bien avec la voix qu'avec les instruments.

STRUCTURATION

Il arrive un moment où, pour approfondir les notions musicales, il faut fixer les éléments découverts en un ordre musical.
L'improvisation a permis de prendre conscience de *formes musicales possibles* par l'intermédiaire du *jeu.*
La « partition » va fixer les *idées musicales découvertes.*
Ces deux attitudes sont complémentaires l'une de l'autre : l'improvisation permet des trouvailles, la structuration permet de préciser les intentions musicales et de les mettre en œuvre le plus justement possible.
La partition écrite n'est pas toujours nécessaire. Le déroulement musical peut être inscrit dans la mémoire des enfants qui l'ont créé sans qu'ils aient senti le besoin de le noter. La structure n'en sera pas moins ferme et définitive.
Ces partitions ou musiques fixées ne sont que des *exemples.*
Elles sont nées d'un travail préalable particulier à chaque groupe d'enfants. Elles sont la mise en forme de découvertes faites au cours des jeux-exercices. Et c'est la raison pour laquelle elles ne peuvent qu'être des exemples, les réactions de chaque classe à un même type de jeu étant toujours spécifiques à la classe concernée. Chaque classe, chaque groupe d'enfants a sa personnalité, son caractère et sera donc amené, musicalement, à produire des séquences musicales marquées par cette personnalité.

Bandes dessinées musicales

A partir des éléments découverts au cours du jeu sur

les onomatopées, on essaie de mettre en ordre ces onomatopées de sorte qu'il y ait une *logique interne* à leur enchaînement. Il faut pour cela organiser les variations de dynamiques, de volumes, de hauteurs, d'intensités et les silences créant des moments de suspension, d'une manière cohérente.
Il faut d'abord essayer différentes possibilités par tâtonnement et écouter ce qui convient le mieux. Une fois que deux éléments constituent une suite logique musicalement, on cherche à adjoindre un troisième élément, puis un quatrième et ainsi de suite. On s'apercevra peut-être alors que pour que la ligne dynamique générale soit intéressante, il faut déplacer un des éléments, ou ajouter ou supprimer un moment de silence.
On peut ainsi construire plusieurs courtes séquences de 4 ou 5 éléments puis chercher à les relier entre elles. Pour ce faire, la classe peut être divisée en 5 groupes de 5 enfants, chaque groupe étant chargé de construire une séquence.

Tout ce travail est un travail d'*écoute musicale* puisqu'il s'agit de sentir quel est l'enchaînement le plus satisfaisant et de savoir nommer la modification à apporter pour arriver à la solution la plus musicale.

L'écriture de la partition (si elle apparaît nécessaire) ne doit venir qu'en dernier lieu. Elle ne doit pas précéder la décision de l'ordre musical. Il faut que les enfants écoutent d'abord ce qu'ils jouent avant de le voir.
Si l'écriture de la partition se révèle nécessaire, il faut que *le son précède le signe* et qu'à chaque signe soit réellement associé un son intérieur.

Musique de pas

Après l'étude des rythmes de pas et de leurs variations, on construit une partition.
Au début, un chef d'orchestre régit les interventions puis parmi les idées apparues, on retient les plus intéressantes et on essaie de les organiser dans le temps.
Pour que, de l'improvisation, se dégagent des idées valables, il faut déjà donner des contraintes préalables. Par exemple, chaque musicien devra choisir une cellule rythmique précise et un timbre de pas précis dont il ne changera pas au cours de la séquence. Bien sûr, à partir de cette cellule, il pourra aller plus ou moins vite, plus ou moins fort, jouer plus ou moins longtemps mais

l'auditeur devra toujours pouvoir reconnaître cette cellule rythmique.

Exemple de construction
Un musicien tiendra le rôle de ce que nous pourrions appeler l'ostinato, c'est-à-dire qu'il jouera tout au long de la séquence un pas régulier et continu avec des effets d'éloignement et de rapprochement.
Sur cet ostinato, les autres pas interviendront dans un ordre précis à déterminer.

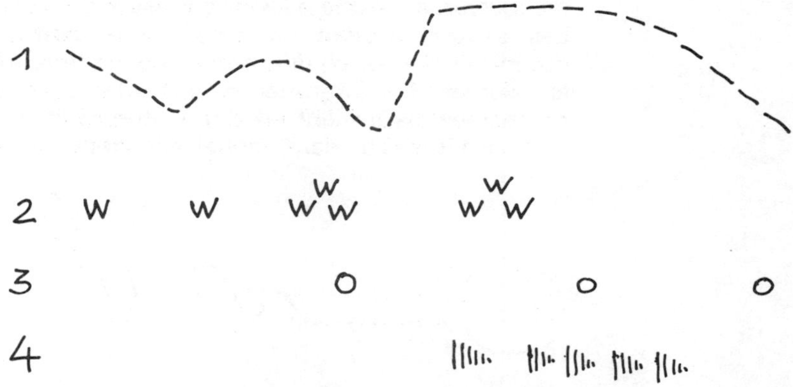

Le graphique nous est personnel et n'est pas une partition des enfants.

Petite musique à 5

Dans une classe, des enfants ont réalisé ce qu'ils ont appelé une « musique de cirque ». L'idée de musique de cirque avait en effet inspiré le choix des instruments qui étaient : règles, harmonicas, cloches (fabriquées par eux avec des pots de terre renversés et suspendus à une barre par une ficelle reliée à un petit bâtonnet fixée dans le trou du pot de terre), petits tambours (aussi fabriqués par les enfants : peaux tendues sur des pots de terre) et cymbales.
Les normes d'interventions étaient définies à l'avance mais non la durée de chaque intervention. Règles, harmonicas et cloches étaient interrompues par un roulement de tambour accompagné d'un coup de cymbale. Après un silence, la musique des règles, harmonicas et cloches reprenait.
Cette musique était fixée dans sa forme, décidée par les enfants qui la jouaient, mais la forme était une *forme ouverte*, certains éléments étant laissés à la libre appréciation des participants.

Partition

Cette partition a été réalisée à la suite du travail sur le geste, de la découverte des sons secs, des sons tenus, du travail de la voix sur les mots.
Les enfants, pour réaliser cette partition, ont surtout tenu compte des enchaînements dynamiques et des contrastes de volumes.
Cette partition a d'abord été jouée avec la voix puis interprétée avec la voix et les instruments.
Elle indique des dynamiques et des instruments (elle est en couleur, à chaque couleur correspond un instrument).
Les enfants avaient intériorisé le résultat musical à obtenir et pouvaient dire après chaque interprétation si les durées, les intensités et les vitesses avaient été respectées. Ils avaient en tête l'interprétation idéale et le temps musical dans lequel elle devait se dérouler.

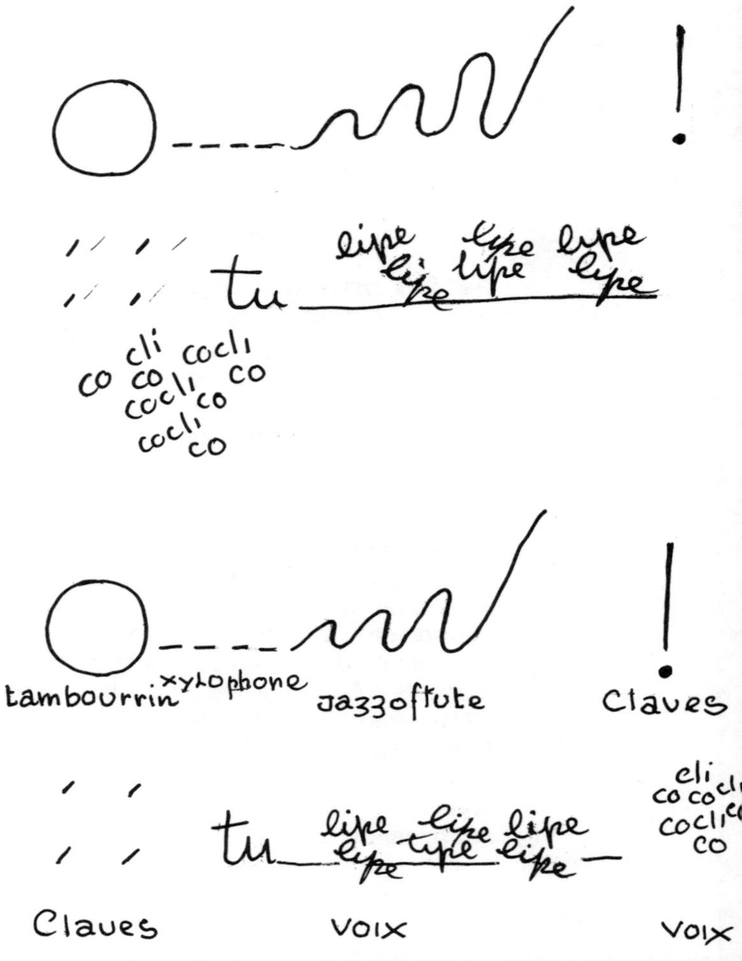

Partition de la classe de Madame Pinard

(CP – Bar-le-Duc)

Cette partition a été réalisée à partir des mêmes bases de travail sur le geste que la précédente.
Instruments : maracas, tambourins, xylophones, clochettes, wood-blocks.

a et *b* jouent ensemble : *a* joue la ligne continue, *b* joue la ligne discontinue. *a* et *b* sont des maracas.
Ces deux lignes sont interrompues par deux coups de tambourin successifs.
c (flûtes) et *d* (xylophones) jouent ensemble, *c* joue la ligne continue et *d* joue la ligne discontinue.
Il y a des arrêts obligatoires pour marquer les respirations pendant lesquels on entend les clochettes. Fin de la séquence avec les clochettes.
e (maracas) et *f* (wood-blocks) jouent ensemble, *e* joue la ligne continue et *f* joue la ligne discontinue.
La fin du morceau est marquée par le son du tambourin.

Là encore l'interprétation naît du consensus général et le temps musical est intériorisé par chacun au point de savoir très exactement ce qu'il doit faire.

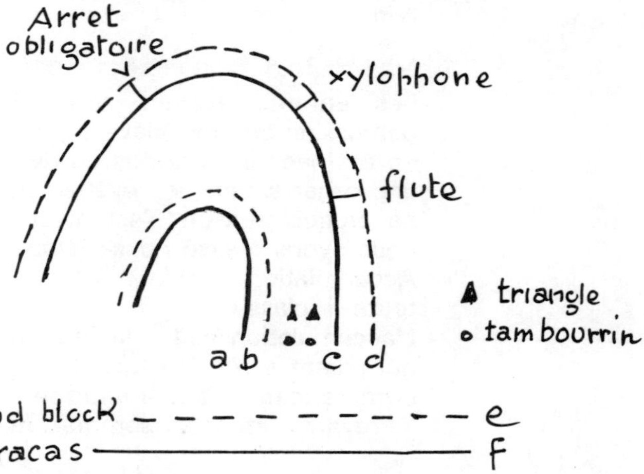

Partition réalisée par les enfants.

Partition des consonnes

(classe de perfectionnement, Andréa Cohen)

Les enfants cherchent à obtenir des sons longs et des sons courts en utilisant uniquement des consonnes.
Puis, ils organisent une partition : les sons longs seront faits avec m et s, les sons courts avec t, n, b, h.

Les sons longs seront tenus sans interruption.
Les sons courts seront répétés un nombre de fois précis, déterminé à l'avance selon une certaine dynamique.
Avant d'arriver à la construction de la partition, les enfants ont travaillé sur les rythmes à donner aux consonnes brèves ainsi que sur les dynamiques à donner à ces groupes de sons brefs – accélérations, ralentis, intensités – Ils ont aussi décidé de l'évolution dynamique des sons longs.
Ce qui donne :

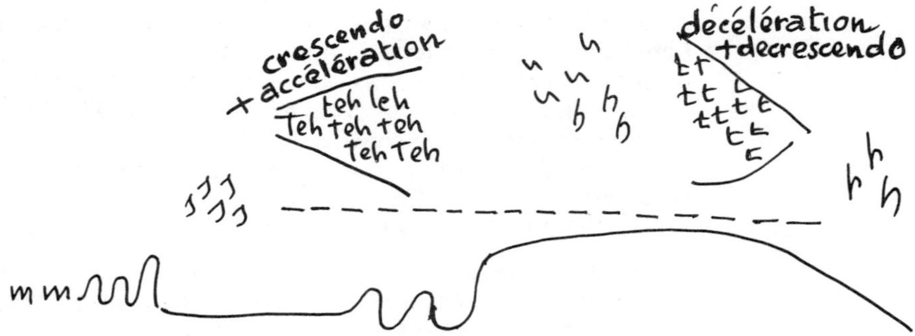

Partition réalisée par les enfants.

Partition pour percussions

Les enfants avaient construit des instruments à percussion en bois (claves, grattoirs, etc.). Une musique en est née : il n'y a pas eu de partition « écrite » mais une organisation des événements fixée et mémorisée. Le croquis suivant n'est qu'un schéma descriptif que nous avons réalisé nous-même.

1 Accumulation :
toute la classe
L'accumulation naît à la fois du nombre d'instruments qui jouent et de leur qualité, l'instrument le plus doux commençant l'accumulation, l'instrument le plus « bruyant » étant au sommet de l'accumulation.

Au milieu de l'accumulation, les enfants décident de mettre un silence, ce qui donne :

2 Enchaînement très rapide de cellules rythmiques avec 6 enfants, le premier frappe un coup, le second deux coups, etc. Ils répètent deux fois cette phrase rythmique puis, tous ensemble jouent une fois leur cellule rythmique :

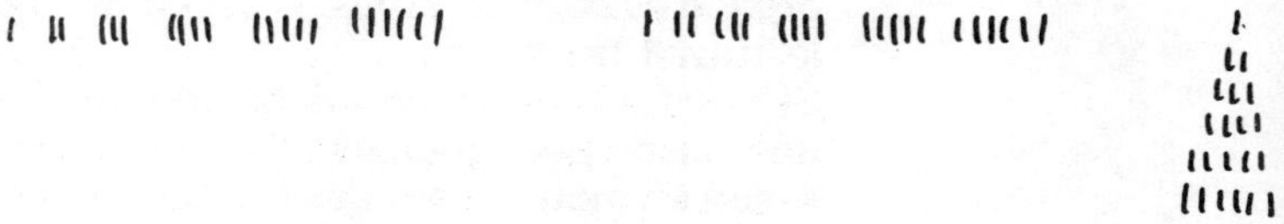

3 Paquets de sons à percussion
Il y a six « paquets » à jouer chacun ayant une unité rythmique mais l'intervention des joueurs à l'intérieur du paquet est aléatoire.
1 – son glissé
2 – chaque enfant frappe le rythme
3 – chaque enfant frappe le rythme
4 – chaque enfant tapote son instrument pendant un temps assez court
5 – tous les enfants frappent un seul coup, tous ensemble au même moment cette fois
Entre les « paquets », il y a des silences dont la durée est fixée par les enfants.

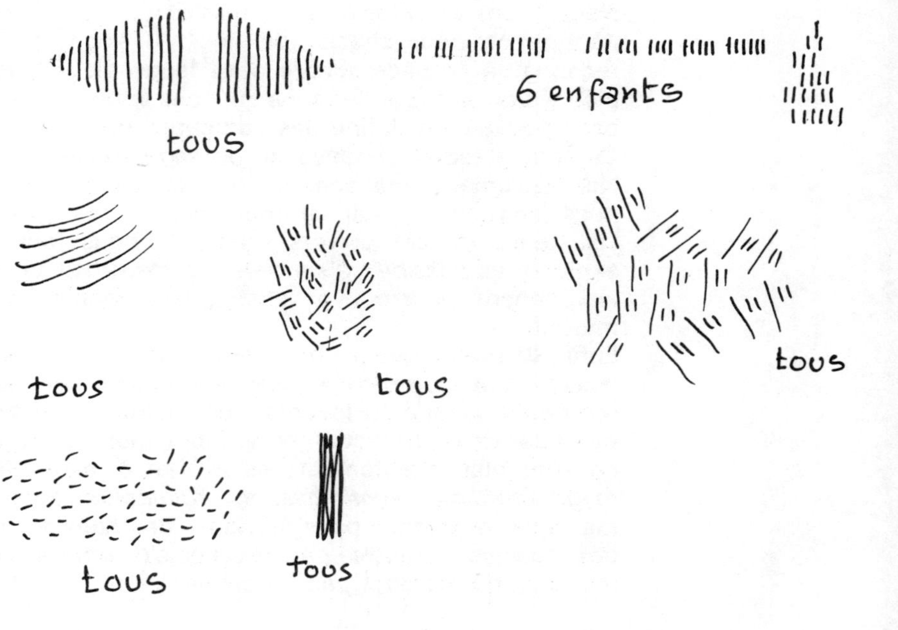

TRAVAIL VERTICAL

Les jeux qui nous ont conduit à l'élaboration de partitions étaient basés sur la notion de *sons en mouvement organisés dans le temps.* C'est ce que nous avons appelé le travail horizontal.
Si nous lui avons donné la priorité, c'est d'abord pour une raison pédagogique : l'enfant ressent très fortement le son en mouvement dès son plus jeune âge. Par ailleurs, il lui est plus facile d'organiser les sons dans leur succession plutôt que dans leur simultanéité.
Ensuite, la musique elle-même n'existe que dans le temps. Un accord ne constitue pas, à lui seul, une musique. C'est leur organisation dans le temps qui donne un sens musical aux différents paramètres constitutifs de la musique (nous entendons organisation au sens large : le free-jazz comme la musique aléatoire sont aussi bien des formes que peut prendre la musique). La musique n'est vivante que par les énergies mises en jeu dans le temps.

Nous nous attacherons maintenant au *contenu* de ces mouvements sonores, à leur matière.
Qu'est-ce que le matériau sonore, comment l'utiliser ? Nous vivons entourés de sons mais ils n'ont pas la même importance pour chacun de nous. Il s'agit donc de reconnaître l'espace sonore dans lequel nous sommes plongés et de capter les sons qui nous importent le plus, pour pouvoir les définir, les comparer, puis les utiliser. Ce sera la reconnaissance du *paysage sonore.*
Non seulement nous sommes environnés de sons mais nous contribuons par le moindre de nos gestes à l'existence de cet univers sonore. Il nous faut donc explorer les *possibilités sonores des matériaux* qui nous environnent, pour pouvoir ensuite leur donner un sens musical.
Enfin, de même que les procédés photographiques et le cinéma ont permis de fixer les images et de les reproduire puis d'en inventer, de même, il existe des procédés de reproduction et de fabrication des sons qui ne sont plus directement liés au geste instrumental : *magnétophones, synthétiseurs, ordinateurs,* autant de machines modernes pour fabriquer des sons et même des musiques. D'autres perspectives s'ouvrent à l'oreille musicale qui ne sont pas à négliger...

PAYSAGE SONORE

Comme il y a une infinité de styles de musiques, il y a aussi une infinité d'environnements sonores. L'habitant des villes n'entend pas la même chose que le montagnard ou le nomade du désert. Tokyo ne « sonne » pas comme Paris ou Istanbul. Cela tient à de multiples détails : pureté de l'air, matériaux employés pour la construction et la fabrication des objets, concentration ou non de la population, univers artificiels ou naturels, etc. Le monde sonore dans lequel nous vivons n'est plus celui du XIXe siècle et contribue à ce que nous sommes, à nos réactions.
Un compositeur canadien, R. Murray Schafer, s'est particulièrement intéressé à ces variations multiples et mondiales des univers sonores, à la façon dont nous les percevons et dans un livre intitulé « Le Paysage sonore » nous avertit de ces phénomènes dans notre vie.
Nous avons pensé indispensable d'y être aussi attentif avec les enfants et leur avons proposé les quelques jeux suivants :

Les sons minuscules

On demande aux enfants de fermer les yeux et d'écouter pendant un petit moment tous les sons les plus minuscules qu'ils entendent autour et en eux.
Ensuite, ils notent sur une feuille de papier tout ce qu'ils ont entendu. Puis, chacun lit la liste écrite.
On sera étonné de constater combien l'attention sonore des enfants se porte sur des sons très différents suivant leur âge.
Nous avons fait cette expérience dans plusieurs classes primaires (CM1 et CM2) et secondaires (6e et 5e) d'écoles et CES d'Argenteuil. En général, bien qu'évidemment les résultats diffèrent selon les groupes, les enfants de classes primaires sont surtout sensibles au bruit que fait leur matériel scolaire et la voix de la maîtresse. Par contre, dans les classes secondaires, les enfants sont surtout sensibles aux bruits faits par leurs voisins, aux bavardages, aux bruits de relations entre des personnes.

Jeu avec les sons minuscules

On choisit deux ou trois sortes de sons familiers de la classe : son de matériel scolaire, son de voix... Il faut, de préférence, choisir des sons de caractère très opposé :

continu-discontinu ou résonnant-percussion sèche, lisse-crénelé, épais-mince, etc.
A partir de ces sons, on fait une improvisation musicale (voir idées de jeux précédents).
Dans une classe, les enfants ont créé un vrai moment musical avec des règles (d'une main, on tient la règle [plate] au bord de la table, de l'autre, on donne un coup sec sur la partie de la règle qui dépasse de la table : cela crée un son qui vibre) et des stylos-bille frottés contre les ressorts des cahiers.
Si on a un magnétophone, on peut enregistrer chaque son individuellement, ou très près et écouter ces sons enregistrés. Il apparaît, à l'enregistrement, des caractéristiques imperceptibles à l'oreille seule et parfois surprenantes au point de ne pas pouvoir reconnaître un son pourtant familier. Cela permet d'envisager des possibilités musicales non encore explorées.

Battements de cœur

On demande aux enfants de dire comment leur cœur bat suivant qu'ils sont émus, calmes, en action, etc. et de trouver comment imiter ce battement soit avec la main par exemple, ou avec un objet.
A partir de ces différents rythmes, on fait une improvisation. Pour que l'improvisation soit réussie, il vaut mieux limiter le nombre de rythmes à 3 maximum, quitte à refaire une autre improvisation avec trois autres rythmes après. (Pour l'idée musicale, voir : musique de pas, structuration.)

Le silence

Tout le monde ferme les yeux pendant une minute et écoute les bruits de la classe et du dehors. Pendant le même temps, on branche le magnétophone. Une fois la minute écoulée, on demande aux enfants s'ils ont entendu le silence, le vrai silence. S'ils n'ont pas entendu le vrai silence, on leur demande quels bruits ils ont entendus. On écoute alors l'enregistrement du « silence » et on compare les écoutes.

Carte sonore

On dessine le plan de la classe au tableau.
Sur ce plan, on demande aux enfants de localiser les bruits qu'ils entendent habituellement.
Ils marqueront le bruit non pas avec un mot ou le dessin de la cause du bruit mais avec un signe représentant

l'intensité du bruit d'une part et sa fréquence d'autre part. Ainsi apparaît le *relief sonore* de la classe.

Déroulement sonore d'une journée

On demande aux enfants de décrire le déroulement d'une journée d'un point de vue sonore : quels sons entendent-ils habituellement, dans quel ordre, avec quelle intensité, quelle densité et quelle durée ?
On essaie alors d'enchaîner ces sons (ou leur imitation) et ainsi de découvrir au milieu de quels rythmes sonores vit la classe.
Une fois le canevas sonore établi dans ses rythmes, intensités, densités et durées, on peut essayer de transposer avec d'autres sons, d'autres instruments cette « partition » et la rendre ainsi plus musicale.

Craie

On demande à chaque enfant individuellement et qui en a envie, de venir au tableau et d'essayer de retrouver le *rythme de l'écriture* de la maîtresse quand elle écrit au tableau, c'est-à-dire vitesse générale, accentuation, légèreté ou poids de la main, etc.
Il ne s'agit pas de copier une phrase avec des mots. Il faut, au contraire, sans écrire de mots, mais graphiquement retrouver le geste dans son mouvement pour pouvoir faire entendre ce geste.

Parcours sonore

En parcourant la classe, les escaliers, la cour de récréation, les couloirs, on demande aux enfants de prendre conscience des bruits différents qui naissent des pas sur des matières différentes.
Si on dispose d'un espace plus libre et plus vaste que la classe, on peut installer, par terre, dans cet espace, différents matériaux (gravier, bois, plastique, paille, feuilles, etc.) ; les enfants expérimentent d'abord les matériaux puis essaient d'organiser leurs déplacements dans le temps et la manière de marcher, afin de créer une séquence musicale.

MATÉRIAUX SONORES

La musique contemporaine a renouvelé les harmonies sonores possibles et a même été jusqu'à utiliser des

« bruits » ; tant il est vrai que la musique peut se cacher là où on ne l'attendait pas. Il suffit de la découvrir et de la faire surgir.

A ces harmonies possibles, les enfants sont tout à fait sensibles. L'éveil musical va leur permettre d'affiner leur oreille, de sélectionner les sons les plus intéressants et les plus riches, de marier les sons comme ils marient les couleurs.

Il faut rendre les enfants *exigeants* quant à la *qualité sonore* de ce qu'ils font et de ce qu'ils écoutent. Même un « bruit » peut avoir un grain, un « tissu » sonore très riche au même titre, bien que différemment, qu'un son de violon.

Il faut progressivement et par expérimentation amener les enfants à s'interroger sur la qualité sonore des matériaux qu'ils emploient et les amener à choisir les sons de réelle qualité.

On peut tirer des sons de matériaux bruts, d'objets, d'instruments et puis aussi, d'appareils électriques et électroniques.

Le corps

Le premier et illimité matériau sonore est évidemment la voix, avec ses variations infinies. Les enfants sont riches en inventions vocales et leur nombre même dans une classe est une richesse par les possibilités de volumes sonores qu'il permet.

On peut aussi utiliser les pieds et les mains pour créer des sons.

Matériaux bruts

Tous petits, les enfants ont déjà le sens de l'expérimentation sonore. Souvent, seuls, ils jouent avec les objets, les cailloux, les coquillages à écouter les bruits que font les manipulations de ces matériaux, ils recommencent, réécoutent, comparent, recommencent encore...

Avec eux, on peut écouter les bruits si variés de l'eau, du gravier. On peut manipuler les grains de toutes sortes : riz, pois-chiches, semoule, etc. Le papier est une source inépuisable de sons variés, de gestes sonores possibles.

On cherche avec les enfants à mettre des mots sur les sensations sonores qu'on éprouve (cf. 1re partie Maternelles et qualités du son).

On manipule différents matériaux sonores en même temps et on écoute le résultat.

A l'inverse, se dissimulant, l'animateur mélange deux

sons et demande aux enfants de quels sons est composé ce troisième son.
On cherche aussi comment obtenir certaines sensations : doux, lisse, rèche, rugueux, brillant, crénelé, etc. autant de manières de définir le son dans sa matière sonore.

Objets

Beaucoup d'objets sont susceptibles de devenir des instruments de musique. Encore faut-il en tirer des sons convenables non seulement par la forme imprimée aux sons mais aussi par leur qualité sonore
Il faut que le son résonne, qu'il ne soit pas écrasé, éteint. Souvent, il faut adjoindre à l'objet une caisse de résonance (boîte, table) pour que le son qui en sort soit plus ample.
Il est bien évident qu'on ne fait de beaux sons qu'avec des matériaux de base intéressants et qu'il est difficile, dans une classe d'avoir ce matériel de bonne qualité à portée de main. Mais, avec les moyens du bord, on peut déjà expérimenter et trouver des sons intéressants.
Un son seul est quelquefois trop faible, mais si plusieurs enfants le font en même temps, cela peut donner une masse sonore intéressante (par exemple, les sons de ciseaux de la classe entière).
Avec un peu d'imagination et beaucoup d'expérimentation, il y a mille trouvailles sonores à exploiter.

Instruments

Instruments classiques et « extra-européens »
On peut faire des recherches de sonorités à partir d'instruments déjà existants, soit en les utilisant normalement, soit en cherchant à en tirer des sons « inouis ». Par exemple, si on dispose d'un vieux piano, on peut chercher des sons directement dans la table d'harmonie en se servant soit des doigts soit d'objets coincés dans les cordes ou grattés sur ou entre deux cordes. L'intrusion d'objets modifie le timbre du piano mais les sons produits profitent de la caisse de résonance et des harmoniques du piano.
Nombre de partitions contemporaines sont jouées sur un « piano préparé » (cf. Cage par exemple).

Instruments à construire
Avec des moyens simples, on peut construire des instruments. Evidemment, leur qualité sonore reste souvent limitée mais on peut tout de même obtenir de jolis sons originaux.

Le but de ce travail n'est pas la construction elle-même, mais le son qu'on peut tirer de l'objet fabriqué et le plaisir que l'enfant peut avoir à jouer avec un instrument de sa fabrication. Mais rien ne remplacera les instruments dont la qualité tient autant aux recherches faites sur plusieurs générations qu'aux matériaux spéciaux employés pour leur résonance.

Quelque exemples :
Maracas : avec deux pots de yaourts collés l'un sur l'autre et remplis de graines diverses. On veillera à remplir chaque pot d'une sorte de graines différentes de manière à obtenir une palette de sonorités différentes.
Guitare élastique : on prend deux boîtes de polystyrène (emballages de glaces) sur lesquelles on installe plusieurs élastiques. Les enfants peuvent pincer, frotter, caresser et entendre autant de sons différents.
Carillon : On suspend à un manche de balai des pots de terre renversés et reliés au manche par une ficelle. Si on prend des pots de tailles différentes, on obtient des hauteurs de son différentes. Les enfants peuvent taper à l'intérieur des pots mais aussi agiter un bâton assez vivement entre deux pots ce qui donne un joli « trémolo », ou inventer encore d'autres manières de trouver des sons.
Tambours : On tend des peaux sur des pots de terre. Ce travail demande un peu plus de minutie : il faut mouiller la peau avant de la coller pour qu'une fois sèche elle soit bien tendue.
Xylophones : Plusieurs lamelles de bois sont fixées sur un support. Si le son n'est pas assez puissant, on fixe le dispositif sur une caisse de résonance.
Métallophone : Avec des chutes de tuyaux de cuivre (les plombiers en donneront sans doute volontiers !), on fabrique un métallophone sur le même principe que le xylophone.
Bouteilles : Des bouteilles plus ou moins remplies d'eau, donnent des sons de hauteurs différentes. On peut soit les frapper soit souffler dedans.
Gongs : Avec des plaques de cuivre
Claves : Avec des baguettes de bois
Castagnettes : Avec des chutes de bois dont on évide une partie.

Instruments particuliers
Il reste encore bien des instruments à inventer, simplement avec des résonances naturelles. Citons, par

exemple, la fameuse harpe de verre des frères Baschet, véritable sculpture sonore. Tiges de métal et de cristal, plaques, cordes résonnent à travers des cônes de métal, carton ou tissu de verre, par frottement des doigts humides sur le verre ou par percussion sur les autres éléments.
Devant l'intérêt des enfants pour cet instrument, les frères Baschet ont eu l'idée de le démultiplier et de constituer, à partir des mêmes principes acoustiques, une douzaine d'instruments à la taille des enfants (conçus à la suite de nombreuses animations), modèles réduits par leur taille, du grand, mais de même qualité sonore. On peut jouer à un ou deux sur le même instrument, découvrant des palettes sonores nouvelles et les organiser en jouant avec d'autres enfants qui ont aussi un instrument entre les mains.

Histoire des métamorphoses d'une feuille de papier

Ce travail a été réalisé avec une classe de CE I de Nancy.
Un jour, les enfants apportent chacun toutes sortes de papiers de matières différentes.
Nous choisissons d'abord une seule sorte de papier et nous expérimentons tous les gestes possibles pour obtenir des sons variés.
A partir de ces gestes, nous expérimentons les autres sortes de papiers et les sons qui en résultent.
Chaque découverte individuelle est reprise par toute la classe.
Nous enregistrons ces découvertes : d'abord le son individuel suivi du son collectif.
Puis nous réécoutons les découvertes à partir de l'enregistrement. Nous sélectionnons les sons les plus intéressants.
A partir de cette sélection, les enfants dessinent la forme des sons qu'ils ont entendu en indiquant la densité des sons entendus.
Ensuite, nous choisissons deux sortes de sons parmi ceux qui ont été sélectionné : un son *continu*, un son *discontinu*.

- son de la feuille agitée 
- son de la feuille frappée 

Avec ces deux signes, les enfants écrivent chacun une partition, en essayant d'une part d'entendre dans leur

tête le *déroulement sonore*, d'autre part d'entendre le *mélange possible des deux éléments.*
Nous jouons alors une partition en la rendant musicale : nuances, respiration, tempo.
Puis nous cherchons comment jouer avec la voix, ces deux sortes de sons.
Nous jouons alors la partition en mélangeant voix et papier.

Ensuite, comme un enfant de la classe a apporté un harmonica, nous jouons la partition avec la voix et l'harmonica.
Les métamorphoses peuvent encore nous emmener loin.

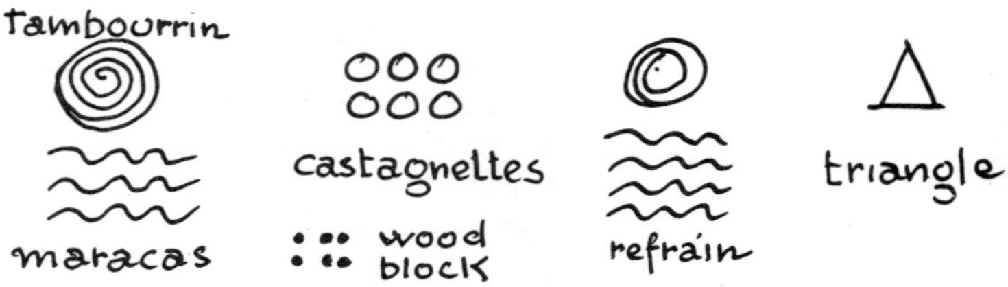

NOUVEAUX MATÉRIAUX SONORES

Le magnétophone

Le magnétophone sert à enregistrer et à reproduire des sons.
Par la reproduction, il est un outil de travail musical très important puisqu'il permet de réécouter une séquence musicale. En réécoutant une improvisation ou un exercice, on peut, en effet, mieux saisir la justesse musicale du résultat ou ses défauts, et, à partir de cette analyse, améliorer le travail suivant.
Par sa fonction d'*enregistrement*, il permet aussi la *fabrication* de nouveaux *sons*.
Certains sons, inaudibles à l'oreille, peuvent être intéressants une fois enregistrés, par l'effet du micro qui peut grossir le son.
Par ailleurs, on peut modifier complètement un son en

l'enregistrant à une certaine vitesse et en l'écoutant à une vitesse différente.
On peut aussi passer le son « à l'envers », c'est-à-dire faire défiler la bande enregistrée en commençant par la fin.
A l'enregistrement, on peut modifier la forme du son : on tourne plus ou moins le potentiomètre qui règle le niveau. Par exemple, si on met le potentiomètre à un niveau très bas au début d'un son qui a une attaque dure et forte, on peut obtenir une attaque du son beaucoup plus douce. On peut aussi donner une forme précise à un son qui est sans évolution particulière, par exemple :

- son sans évolution 
- son modifié 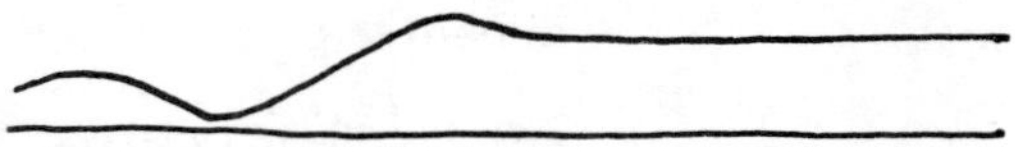

On peut obtenir des effets d'éloignement et de rapprochement en modifiant la place de l'objet ou du micro pendant l'enregistrement.

La musique électro-acoustique est composée à partir d'éléments enregistrés. Le compositeur réalise une collection de sons de qualité. Puis, il manipule ces sons : au moyen de filtres, il peut supprimer certaines fréquences et ainsi modifier le timbre du son : il coupe aussi les sons dans leur durée (en coupant la bande magnétique comme un ruban) pour en modifier l'attaque ou la chute. Ensuite il fait un « montage » des éléments préparés, de manière à obtenir une suite de sons ayant une logique musicale. Il prépare ainsi plusieurs bandes de sons « montés ».
Puis, à l'aide de plusieurs magnétophones, il fait des « mixages » : sur deux (ou plus) magnétophones, il met les bandes préparées. Sur un troisième magnétophone, il enregistre le mélange, en dosant chaque partie des bandes qui défilent en même temps. Evidemment, les sons sont répartis sur chaque bande de manière à obtenir le résultat que le compositeur souhaite. Chaque bande est un peu comme chaque portée d'une partition d'orchestre, le mixage permettant d'entendre l'orchestre dans sa totalité.
A partir de ces premiers mixages (ou prémixages), le compositeur peut procéder à d'autres mixages de ces

prémixages, jusqu'à la réalisation complète de l'œuvre. Mais l'œuvre peut être aussi réalisée avec un seul mixage.

Il y a des *partitions* de *diffusion* (ou d'écoute) qui sont postérieures à la réalisation de ces musiques, et destinées à faire respecter les intentions du compositeur à la diffusion. Ce sont des partitions d'interprétation.
La diffusion se fait au moyen d'un ou de plusieurs magnétophones, de hauts-parleurs et d'une console de diffusion. Sur cette console, des potentiomètres permettent de doser plus ou moins le niveau de chaque élément. Comme le chef d'orchestre demande au violoniste ou au trompettiste de jouer plus ou moins fort, le compositeur (ou l'interprète) dose telle ou telle partie de la musique simultanément, il joue avec les potentiomètres qui déterminent la puissance de diffusion de chaque haut-parleur.

Le synthétiseur

Le synthétiseur est un appareil qui transforme une énergie électrique en son. C'est un générateur de signaux sonores sur lesquels on peut opérer des modifications à l'aide d'appareils qui s'appellent filtres, oscillateurs, modulateurs. On peut aussi modifier la hauteur, le rythme, l'intensité et le timbre des sons.
Sur des sons complexes, on peut supprimer une partie des fréquences et ainsi supprimer des parties graves, moyennes ou aigües du son, ce qui en modifie l'aspect. Avec une « chambre d'écho », on peut donner aux sons une réverbération qu'ils n'avaient pas.
Par connexion d'appareils tels que filtres, oscillateurs, modulateurs, on peut ainsi travailler à l'intérieur du son lui-même et en modifier la constitution. Grâce à l'entretien électrique des signaux sonores, le son peut se prolonger sans effort manuel et ainsi être *immobilisé dans le temps*.
Ces nouveaux procédés de génération de sons ont quelque peu fait évoluer la pensée musicale aussi bien dans sa conception du temps (en effet, jusqu'alors, un instrumentiste ne pouvait physiquement immobiliser un son dans le temps : s'il voulait que le son dure, il devait de nouveau exciter la corde, ce qui, à l'audition, donne une « attaque » du son) que dans l'utilisation de matériaux sonores inouïs jusque-là.

Le Gmebogosse

Citons ici le Gmebogosse, instrument inventé par le

Groupe de Musique Expérimentale de Bourges, qui est en fait un petit studio de musique électro-acoustique accessible à tout le monde, enfants ou adultes.
Avec cet instrument, on peut enregistrer (micro + magnétophone) donc avoir accès au domaine sonore dans sa totalité, c'est-à-dire aussi bien aux sons de la nature, de l'environnement qu'aux musiques de toutes sortes occidentales ou extra-européennes.
On peut aussi *fabriquer soi-même des sons qu'on enregistre* ; ils pourront être inventés soit à partir d'objets et d'instruments, soit par *synthèse électronique* puisqu'à cet instrument (le Gmebogosse) est incorporé un synthétiseur avec lequel on peut créer des sons de toutes sortes, avec timbre et forme délibérément choisis.
Par un système de boutons simples d'accès et de compréhension, on peut organiser les sons dont on dispose, de manière musicale, soit seul soit à plusieurs.
Pédagogiquement, le Gmebogosse, par des jeux qui développent la découverte, la mémoire, l'échange et permettent l'information et la reconstruction, favorise la création musicale avec des outils adaptés à l'environnement technologique des enfants.

L'ordinateur

Le système musical occidental classique s'est construit autour de la notion de « note », son de hauteur précise, et de l'organisation hiérarchisée de ces notes.
L'évolution de la pensée musicale d'une part, la technologie, d'autre part, ont mis l'accent sur d'autres éléments du son et sur d'autres relations possibles entre ces sons.
Le synthétiseur, on l'a vu, permet de fabriquer, par impulsions électriques, des sons mais ne peut composer lui-même, il lui faut un manipulateur pour en tirer une musique construite. Il est comme un instrument qui offrirait des possibilités multiples répétables à l'infini.

L'ordinateur, quant à lui, permet non seulement de synthétiser des sons mais aussi de mettre en relation, structuralement, ces sons les uns avec les autres. Grâce aux possibilités de calcul d'un ordinateur, un compositeur, pour un même « programme » peut obtenir des compositions multiples.

Actuellement, il existe plusieurs approches de la musique par ordinateur :
– Soit un « programme » permet de calculer une parti-

tion. Ces calculs une fois faits, sont décodés et ensuite réécrits sous forme de partition traditionnelle.
– Soit l'ordinateur réalise la partition proprement dite.
– Soit l'ordinateur joue les sons, joue une musique c'est-à-dire transforme un programme en sons.
Pour que l'ordinateur produise des sons, il lui faut une description numérique de ces sons : ainsi seront décrites sous forme de chiffre : la durée, l'intensité, la fréquence (ou période qui détermine la hauteur des sons), la forme dynamique, l'évolution spatiale.
L'ordinateur transforme alors ces chiffres en tension électrique, qui, envoyée dans un haut-parleur, deviendra un son.

L'UPIC

Avant d'être décrit numériquement, le son peut l'être par un geste. Le geste est alors le point de départ de l'invention musicale.
Donner à la main la possibilité de réaliser une musique par ordinateur, retrouver le geste musicien premier et que ce soit ce geste qui donne des ordres à l'ordinateur : telle a été l'idée originale qui a présidé à la conception de l'UPIC (CEMAMU) ou « machine à composer » de Y. Xenakis.
Tout geste traçé sur la table spéciale est susceptible de devenir un son. Ce système présente l'avantage d'être accessible à toute personne, même ne connaissant pas l'informatique, et, en particulier, aux enfants.
« La machine à composer », de par son fonctionnement, permet au compositeur de maîtriser de bout en bout la matière sonore qu'il invente et qu'il utilise, et, semble pour le pédagogue, un précieux outil pour initier les enfants non seulement à l'écoute musicienne mais aussi à la pratique de la composition.
Elle se présente comme une table à dessiner avec papier millimétré où le temps se mesure horizontalement, et la hauteur verticalement mais sa surface est reliée à un mini-ordinateur.
Sur cette table, on trace des dessins avec un crayon électro-magnétique à bille. Ces dessins sont alors interprétés par l'ordinateur suivant la fonction décidée par le compositeur. Pour n'importe quelle courbe, il y a trois interprétations possibles par l'ordinateur qui correspondent aux « ingrédients » nécessaires pour fabriquer un son : pour obtenir un son, il faut décider de sa *période* (ou nombre de vibrations par seconde qui détermineront sa hauteur), de son *enveloppe* (ou évolution dynamique

du son dans le temps et dans l'espace) et de son *intensité*.
Avec ces trois éléments, on obtient un son, une note ou arc.
On dessinera donc une période. Ce dessin sera alors converti en chiffres par l'ordinateur puis, avec un « convertisseur numérique-analogique », ces chiffres seront transformés en sons et entendus sur une enceinte de haut-parleur. On peut aussi fabriquer une période à partir de sons existants et déjà enregistrés. C'est alors un « convertisseur analogique-numérique » qui transforme le son en chiffres, et ces chiffres peuvent alors être traduits en période. C'est donc l'opération inverse de la précédente.
On peut encore fabriquer une période en prenant une partie seulement d'une note.
Le processus est le même pour fabriquer l'enveloppe ou courbe dynamique du son. La courbe est dessinée sur la table, puis calculée, transformée et écoutée. Le timbre du son est fabriqué à partir du dessin d'ondes : sinusoïdale, triangulaire, en dent de scie ou carrée, suivant la complexité harmonique. Là encore, le dessin est à l'origine du timbre du son et l'ordinateur traduit le dessin en chiffres et le convertisseur numérique-analogique traduit les chiffres en sons.
Une fois indiquées à la machine, les différentes composantes de ce son précis qu'il veut obtenir, le compositeur peut alors programmer la « note », puis l'entendre.
Chaque compositeur est ainsi maître de tout son qu'il veut faire exister.
Toujours sur la table, le compositeur peut dessiner une « partition » ou « page » qui sera elle aussi calculée en chiffres puis transformée en sons.
La machine peut effectuer nombre d'opérations uniquement en pointant le crayon électro-magnétique à bille sur certaines parties de la table.
Elle peut conserver ou effacer les formes d'ondes, d'enveloppes, de partitions. Les formes conservées sont alors stockées dans des « banques », sorte de mémoire de la machine.
Elle permet aussi de « coller » des séquences musicales les unes aux autres, de reporter certaines séquences à un autre endroit de la partition, tout cela grâce au crayon magique.

Intérêt pédagogique
Avec cette machine, l'enfant peut être à la fois

compositeur et interprète. De même que l'intention musicale apparaissait à travers le geste du musicien interprète, ici la main trace l'intention musicale avec un luxe de précision et suscite des inventions musicales inouies jusqu'alors, dues aux possibilités de calculs de l'ordinateur.

Si nous avons insisté sur cette machine, c'est qu'elle concilie à nos yeux le *geste musical premier* traducteur de la pensée musicale et les découvertes de la technologie appliquée au domaine acoustique ; qu'elle est accessible à tous et aux enfants en particulier ; que par la nécessité de penser le son dans ses moindres détails, dans son évolution dans le temps et dans l'espace, elle nécessite une réelle appréhension musicienne du son et un comportement de compositeur dans les choix musicaux à opérer.

Néanmoins, elle ne permet qu'un travail solitaire et, pour le moment du moins, elle ne relie pas directement le geste au son, celui-ci devant être décodé par la machine avant de pouvoir être entendu. Pour l'apprentissage de cette musique en train de naître, il reste à inventer des instruments offrant des registres sonores répondant à de nouveaux critères d'analyse des sons tels que forme et matière, où l'électricité permettrait d'agir sur la constitution même des sons, sorte de possibilité supplémentaire au jeu instrumental, sans qu'elle soit la source unique de fabrication des sons (comme avec le synthétiseur et l'ordinateur), où le geste, si nécessaire à l'enfant dans son appréhension des phénomènes, serait le maître, l'ordinateur immédiat de sa pensée musicale.

N.B. La machine à composer nous a séduit par son approche gestuelle et, de ce fait, directement applicable à la pédagogie musicale (cf. Expérience d'André Dubost avec des enfants). Mais, en France et à l'étranger, d'autres recherches sont en cours sur les possibilités musicales de l'ordinateur (Risset, IRCAM, GRM, Chowning, Zinovieff, etc.).

SECONDE PARTIE
POINTS DE REPÈRES

Données théoriques

Expérimenter

LE GESTE

Le son est signe de mouvement, il se manifeste comme une force, une énergie en déplacement. Sa *forme* est la résultante d'une évolution dans le *temps,* qu'on appelle *dynamique.* Ceci vaut bien sûr pour les sons de toute provenance, même sans intervention humaine (sons de la nature, sons mécaniques, par exemple.)
Mais le *son* peut être le résultat du *geste* humain : c'était notamment le cas jusqu'à présent du son musical. Avec l'utilisation des moyens électroniques et informatiques, il peut n'être plus directement produit par le geste, bien que l'intervention humaine soit de toute façon requise pour contrôler les machines. Et c'est ce geste qui, imprimant une vie au son, le rend musical ou non aux oreilles de qui le perçoit.
Comme intermédiaire entre la pensée musicale et le son produit, le geste traduit tout ce que l'auteur a voulu mettre dans ce son, et, quand il est musical, c'est qu'il est *précisément ajusté* à l'émotion et à l'intention de son auteur. Le geste est donc de la plus haute importance dans la fabrication du son puisque c'est lui qui véhicule la pensée. S'il est en défaut, c'est la pensée même qui sera affaiblie.
Le geste propulse le son un peu comme il enverrait une balle dans une direction précise : soit qu'il y mette toute son énergie, et la balle une fois lancée poursuit sa course toute seule (ainsi fonctionnent les sons résonnants où un seul geste suffit à donner une impulsion sonore durable), soit qu'il accompagne la balle jusqu'à sa destination (ainsi les sons dits « entretenus » sont-ils animés de bout en bout par le geste). C'est le cas, d'une part des percussions brèves, qui nécessitent une répétition du geste, d'autre part des sons continus comme ceux des instruments à vent (souffle) ou à archets (frottement). De l'énergie mise en jeu par le geste dépend l'énergie future du son et la manière dont il se développera (et ceci quel que soit le matériau employé). La *qualité du son* dépend donc de la *qualité du geste.* Il y a là comme un transfert d'énergie d'une personne à un matériau. Le musicien peut projeter son énergie massivement ou au contraire avec délicatesse, il en résultera un son avec une attaque dure ou douce ; suivant le matériau utilisé (résonnant ou peu résonnant), le son se développera dans le temps d'une manière différente.

Sa forme, sa dynamique est liée à la fois au geste acteur et au matériau qui reçoit ce geste et répercute la pensée du musicien. Dans le geste, le musicien manifeste le plaisir qu'il a à faire naître la sonorité. Suivant le matériau utilisé, le geste s'adapte à la sonorité désirée afin que la dynamique du son traduise le plus justement possible la pensée musicale. Par ailleurs, le geste mesure la durée du son et donc rythme les événements. C'est lui qui imprimera les pulsions dynamiques, les tensions-détentes, les ruptures, qui fera naître le temps de l'attente et celui de la résolution.
Celui qui joue doit donc sentir la relation étroite entre le temps musical qu'il peut vivre intérieurement et sa manifestation à travers son propre geste. Le travail musical consiste à ajuster le plus précisément possible le résultat sonore à la pensée du musicien, ce qui suppose évidemment qu'il ait en lui, *préexistant au geste,* ce *désir musical.*

Geste vocal et geste instrumental
Le geste peut être vocal ou instrumental.
Le geste vocal est sans doute le geste le plus proche de la pensée musicale immédiate. Il permet une invention illimitée de timbres, une maîtrise du temps directement liée aux pulsions les plus profondes. C'est du geste vocal qu'est née la mélodie et notre système musical occidental. En lui sont déjà contenues toutes les possibilités musicales : mélodie, timbres, attaques, sens du temps.
Le geste instrumental est plus limité puisque totalement dépendant du matériau avec lequel il joue. Moins immédiat, intermédiaire entre la pensée et le son, il nécessite et favorise une écoute plus détachée des pulsions premières. Avec le geste instrumental, le son est déjà un peu « en représentation ». Il passe dans un matériau dont on n'est plus totalement maître, qui a sa vie propre. De la manière dont l'acteur – musicien pose son doigt sur la touche de piano ou tire son archet, va dépendre la qualité du son. En jouant avec lui, l'instrumentiste « apprivoise » son instrument et, connaissant de mieux en mieux ses possibilités et ses réactions en tire des sons de plus en plus musicaux.
Avec les moyens électroniques, le geste n'est plus inexorablement lié à la production du son. Il n'en reste pas moins que la musique étant l'organisation de formes sonores en mouvement, le geste reste implicitement contenu dans ces formes.
« Un des éléments fondamentaux du langage expressif

de la musique réside dans la parenté du schème rythmique et mélodique et des schèmes gestuels qui accompagnent le comportement (...). Les états psychiques fondamentaux (calme, excitation, tension-détente, exaltation, dépression) (...) se traduisent ordinairement par des formes gestuelles ayant un rythme donné, par des tendances et des directions spatiales (ascension-dépression-horizontalité), par des modalités d'organisation des formes partielles au sein de formes globales (répétition obstinée, diversité, périodicité, évolution, etc.)» (Francès, La perception de la musique, p. 301.)
Pour l'auditeur, une musique ne sera réellement bien comprise que si, justement il retrouve ce chemin gestuel qui a conduit le compositeur puis l'interprète à ordonnancer les événements dans le temps.

Application pédagogique
Pour que l'enfant acquière le sens musical, il est important qu'il ait pu expérimenter avec sa voix et son propre geste toutes sortes de dynamiques sonores liées à ses émotions. Petit à petit, en l'aidant à remarquer les sons les plus intéressants qu'il produit, c'est-à-dire les plus vrais pour lui, il jouera des sons de qualité toujours plus musicale.
Par son geste, il acquiert le sens de la durée, de la dynamique, du timbre, de l'attaque, c'est-à-dire de l'évolution de la *sonorité* dans le *temps.* Outre les notions musicales fondamentales ainsi abordées, ce travail gestuel prépare à l'apprentissage du jeu instrumental en général.

LE SON

Un son est un phénomène *physique* et *acoustique.* S'il est le matériau de base de la musique, en lui-même, il n'est pas *musical* et ne le devient qu'en *fonction des critères relationnels qu'il établit avec d'autres sons.* Ces relations sont certes issues des qualités physiques qui lui sont propres, mais surtout d'une certaine manière de les percevoir, de les mettre en évidence et cela différemment selon les civilisations.
Un son est défini par sa hauteur, sa durée, son timbre, son intensité mais aussi par sa masse, son attaque, sa dynamique, sa densité, son épaisseur, sa position dans l'espace, etc. Ce sont les rôles qu'on fait jouer à ces différents paramètres dans la structure musicale qui rendront un son « musical » ou non au sein de l'organisation elle-même.
Chaque époque, chaque civilisation privilégie certains paramètres, orientant la perception vers certains types de sons, au détriment d'autres rejetés, au moins pour l'esprit, dans la catégorie des « bruits ». Or une note est aussi un bruit et tout bruit peut devenir musical ! Tout dépend des critères d'analyse sur lesquels se base la perception musicale.
Longtemps, en Occident, les seuls sons considérés comme convenables musicalement ont été les « notes », définies principalement par leurs hauteurs et leur durée, organisées proportionnellement à l'intérieur des échelles de hauteurs (gammes) et dans les mesures (pour les durées). Les relations entre les autres paramètres étaient implicites et non mesurées. On écrivait pour le piano ou pour l'orchestre, sans définir le timbre autrement que par sa source instrumentale ou les dynamiques par quelques indications de staccato ou de « lié ». Les découvertes récentes qui ont mis en évidence nos illusions acoustiques et par ailleurs une meilleure connaissance des musiques extra-européennes ont élargi notre champ perceptif par rapport aux sons susceptibles de devenir musicaux.

En effet, par exemple, une note de hauteur simple est déjà un *système complexe,* et qui plus est lié à l'instrument qui l'émet (sauf pour les sons produits par impulsions électriques comme les sons de synthétiseur), ce qui signifie que l'oreille perçoit en même temps qu'une *hauteur,* un *timbre instrumental* agrémenté des *bruits* liés

à la fabrication même du son (coup d'archet, souffle de l'instrumentiste, etc...). Cet ensemble constitue un son qui, à la perception, est loin de l'abstraite notion de note... Par ailleurs, on s'est aperçu que des sons de sources instrumentales totalement différentes, peuvent, à l'écoute présenter des parentés. Entre autres, Pierre Schaeffer a mis en évidence des parallélismes de structures harmoniques entre des événements sonores provenant de sources distinctes, par exemple une résonance de sons de piano et une résonance de tiges métalliques. D'autres expériences en Allemagne, aux États-Unis, l'utilisation de sons électroniques, la musique électro-acoustique, l'amplification, ont bouleversé l'appréhension des phénomènes sonores susceptibles de devenir musicaux, et permis d'établir des relations, indépendamment de leur cause instrumentale, entre certains sons.
Le son est maintenant plus écouté pour lui-même, pour la forme qu'il prend dans le temps et dans l'espace, forme qu'on peut définir par trois moments principaux : l'attaque, le corps, la chute.

Le son ailleurs...
Certains paramètres sont plus ou moins développés suivant les lieux et les époques. Par exemple, à propos du timbre, André Schaeffner écrit : « *Si ce litophone (instrument de 10 ou 11 lames de pierre) était aussi ancien que certains préhistoriens le présument (3000 ou 4000 ans), nous aurions la certitude qu'avant notre ère, au moins en Extrême-Orient, il existait des échelles musicales plus complexes que celles dont on s'est contenté depuis. Là encore, l'on aurait à se demander si de pareilles échelles étaient destinées non à raffiner sur le dessin mélodique, mais à faire chatoyer spécialement le timbre. Cela laisserait supposer que les gammes furent d'abord instituées moins pour jalonner un espace abstrait que pour relever çà et là les points de meilleure résonance.* » *(Histoire de la musique, vol. I, p. 86)* ou actuellement à Bali : « *Presque tous les instruments existent en paires (...). Chaque paire présente un certain désaccord intentionnel, destiné à produire le* tanguam, *c'est-à-dire les battements qui résultent d'interférences très voisines. Les battements, minutieusement ajustés dans toutes les paires d'instruments, donnent aux gamelans balinais, cet admirable* brillant ». *(E. Schlager, Histoire de la musique, tome I, p. 240).*
Ou encore, à Bali certains mots employés par les

musiciens nous renseignent sur les propriétés du son auxquelles ils attachent de l'importance, par exemple : « kempur » signifie le gong qui fait « pur », l'onomatopée reproduisant en fait le son produit, ou « tjèng-tjèng » pour les cymbales.
En Afrique, la sanza est appréciée et construite pour son grésillement particulier dû à un petit fil de fer qui entoure souplement chaque lame de métal qui produit un son.
Les multiples visages de la musique sont issus de la mise en évidence particulière de certaines qualités du son. Un son ne devient musical que par rapport à sa situation dans une structure précise et les relations qu'il entretient avec les autres sons de cette structure.
Mais aussi, un son ne prend un sens musical qu'en fonction de la société qui le perçoit.
Il faut noter ici que l'enregistrement, phénomène de notre époque, a une influence certaine sur notre perception de la musique mais aussi sur les formes qu'elle peut prendre. Nous avons en effet maintenant accès à une infinité de types de musiques grâce à la reproduction, ce qui nous permet d'appréhender d'autres structures musicales. De plus, le fait même de la transformation du son en électricité, l'amplification, les variations de vitesse, les actions sur le contenu même du son, amènent à le percevoir d'une manière différente et donc à envisager d'autres structures musicales possibles.

Physiquement

Le son est une onde vibratoire formée d'un ensemble de variations de pression périodiques ou non, qui se propagent à des vitesses différentes suivant le milieu dans lequel il se trouve.
On peut représenter le phénomène sonore par une courbe indiquant les variations de pression en fonction du temps.
Suivant qu'on a affaire à un son pur ou à un bruit, la représentation prend une forme différente.

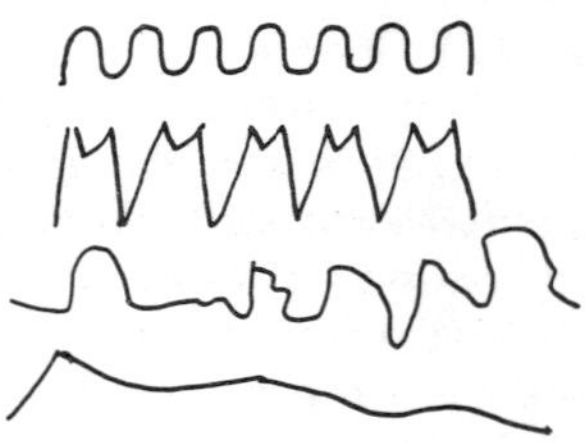

vibrations régulières et uniformes : son sinusoidal ou fondamental

vibrations régulières : son fondamental + harmoniques (timbre)

vibrations irrégulières : bruit continu

bruit ponctuel

Le *son pur* est caractérisé par l'uniformité et la régularité de sa représentation, c'est-à-dire que les durées de chaque oscillation sont rigoureusement égales et les courbes sont identiques.
La *période* est la durée d'une vibration complète.
La *fréquence* est le nombre de vibrations complètes par unité de temps et se mesure en hertz.
Le son dit « musical » est un son périodique résultant de la superposition d'une série de sons purs dont les fréquences forment une suite d'harmoniques. Le son musical est un *son complexe.*

Acoustiquement
Les vibrations viennent frapper le pavillon de notre oreille externe et font vibrer le tympan, puis sont transmises à l'oreille interne par l'intermédiaire de trois os (le marteau, l'enclume et l'étrier) enfin aux nerfs. L'oreille analyse le son en :

- *Hauteur*
  Celle-ci varie en fonction de la fréquence fondamentale : plus la fréquence est élevée, plus le son est aigu ; plus elle baisse, plus le son est grave. En général l'ouïe ne perçoit que les sons de fréquences comprises entre 20 et 16 000 périodes par seconde.
  L'intervalle qui, à l'oreille, est la différence de hauteur entre deux sons, est, physiquement leur rapport de fréquences. Par exemple un son de 1 500 périodes par seconde et un son de 1 200 périodes par seconde ont comme intervalle $\frac{1\,500}{1\,200} = \frac{5}{4}$ qui n'est autre que la tierce majeure.
  L'échelle « naturelle » des intervalles (octave, quinte, quarte, sixte et tierce) a été *« tempérée »* en divisant artificiellement l'octave en douze demi-tons. Dans ce système qui a l'avantage de permettre l'accord des instruments et les modulations, seul l'octave reste pur, les quintes et tierces étant toutes un peu « fausses » par rapport à ce qu'elles devraient être naturellement. (C'est ce système qui nous est familier à l'oreille !)
  La *gamme* est une partie d'une échelle comprise entre deux sons à intervalle d'octave (unisson). Il existe plusieurs sortes de gammes selon les pays et les coutumes. Citons la gamme pentatonique de 5 sons sans rapport de demi-tons, la gamme heptatonique qui est une gamme pentatonique avec deux sons en plus la gamme diatonique (majeure et mineure suivant la répartition des tons et des demi-tons), la gamme chromatique.

- *Timbre*

  Le timbre d'un son est déterminé à la fois par la nature et l'intensité de ses éléments (son sinusoïdal et harmoniques) et par les phénomènes transitoires liés à la manière dont le son est attaqué.

  Trois lois principales définissent le timbre :

  – celle d'Ohm selon laquelle seul un mouvement pendulaire peut déterminer dans l'oreille la sensation d'un son simple ;

  – celle de Fourier, selon laquelle, toute forme de vibration régulière, si elle est périodique, peut être décomposée et toujours d'une seule manière, en un certain nombre de vibrations pendulaires de fréquences égales à 1,2,3,4... n fois la fréquence fondamentale du mouvement donné.

  – celle de Helmoltz selon laquelle les timbres musicaux diffèrent en fonction de la présence et de l'intensité des sons partiels, mais non de leur différence de phase, au moins pour les vibrations périodiques entretenues.

  Dans les phénomènes non périodiques, toutes les composantes ne sont pas forcément harmoniques – auxquelles il faut ajouter maintenant la distinction que fait Pierre Schaeffer entre le timbre des percussions-résonances qui s'établit tout de suite et le timbre des sons à variations harmoniques ou dynamiques qui s'établit à la perception, tout au long de la durée du son. Le timbre serait donc, en fait, lié à la dynamique du son.

- *Intensité*

  Liée à l'amplitude du mouvement oscillatoire, l'intensité est l'énergie produite par celui-ci pendant 1 seconde et par centimètre carré. Elle se mesure en *décibel.*

  Mais, physiologiquement, l'oreille ne perçoit pas l'intensité en fonction des décibels. Cette perception est relative à chaque individu et, de plus, différente dans les aigus et dans les graves.

  Par ailleurs, la différence d'intensité entre un son fort et un son faible qui le suit immédiatement peut paraître beaucoup plus importante qu'elle ne l'est en réalité physiquement.

- *Durée*

  Elle est le temps d'existence du son. Elle est mesurable scientifiquement mais, à l'écoute, tout comme l'intensité, elle varie suivant la position du son dans la structure générale de l'œuvre. Chacun sait combien l'appréciation du temps est subjective. En musique c'est la même chose ; un son de longue durée peut paraître beaucoup

plus long qu'il n'est en réalité suivant qu'il est situé avant ou après d'autres sons plus ou moins longs, qu'il est joué en même temps que des sons courts ou d'autres sons longs, suivant qu'il est mince ou épais, suivant son évolution dynamique.
La notation classique représente les durées des notes par les figures que nous connaissons. La ronde représente la plus longue durée et, chaque autre figure, la moitié de celle qui précède.

Signalons ici de nouveaux critères d'analyse des sons, tirés du Traité des Objets musicaux de Pierre Schaeffer. Ce sont des *critères d'écoute* qui permettent de parler des sons comme on peut le faire des couleurs en peinture.

- *Matière*
La matière du son est ce qui reste *permanent* à travers la *durée*, comme le bois dans lequel est taillé un objet, tandis que sa forme se définit par l'histoire du son. Forme et matière sont deux critères complémentaires qu'on peut, la plupart du temps, distinguer dans un son.
- *Grain*
C'est un caractère qu'on trouve dans certains sons et qui se définit comme une micro-structure dans le détail du son, comparable au grain d'un tissu ou d'un minerai. On peut dire qu'il est plus ou moins fin, plus ou moins gros (par exemple, un bruit de frottement a un « grain »).
- *Masse*
La masse est le mode d'occupation du champ des hauteurs par le son. Tout son a une masse, même les sons qui n'ont pas de hauteur définie et qu'on appelle globalement, dans le solfège du Traité des objets musicaux, des sons de masse complexe.
- *Calibre ou épaisseur*
Cette notion correspond à l'encombrement de la masse dans le champ des hauteurs. Un son peut être plus ou moins épais, plus ou moins gros ou mince.
- *Attaque*
Un son a une forme qui évolue dans le temps, caractérisée par une attaque, un corps, une fin.
L'attaque est ce qui constitue le début du son, elle se définit souvent par des variations d'intensité très brusques ou au contraire progressives. En général, l'intensité est maximum pour les sons percutés et ne fait que décroître. Suivant la vitesse de décroissance, on parle d'une attaque plus ou moins raide. Par exemple les notes

aiguës du piano ont une attaque plus raide que les notes graves.

- *Silence*

  Le silence est l'intervalle de durée entre deux sons. Pour J. Cage, compositeur américain contemporain, *« le matériau de la musique est son et silence. Leur intégration est la composition. » (Silence de J. Cage).* Le silence n'est pas vide, il crée l'attente, la suspension ; il est le lien entre deux événements. Sa durée rythme le temps mais aussi sculpte l'espace laissant apparaître en relief tel ou tel événement.

LE JEU MUSICAL

La musique est née du jeu.
Le vocabulaire courant porte la trace de cette origine : on dit qu'on joue du piano, du balafon, du trombone, qu'on *joue d'un instrument.* On dit qu'on joue une sonate, un tango, qu'on *joue une forme.* Tout comme l'enfant, les premiers inventeurs de musique ont, sans doute, pour leur simple plaisir et sous forme d'activité gratuite, émis des sons avec la voix ou en manipulant des objets, sans idée formelle a priori. L'enchaînement des sons n'obéissait à aucune structure préétablie. Au début, le plaisir de cette activité résidait dans l'exploration, puis à force de tentatives, de répétitions, le « musicien » a dû intuitivement percevoir des différences, celles-ci étant toujours liées à son activité physique.
En effet, le jeu ne se concrétise que dans l'action. L'émetteur de sons écoute ce qu'il est en train de produire et, au fur et à mesure, ajoute d'autres sons. C'est le résultat à la fois de son écoute et de son geste qui l'incite à continuer. Il y a interaction immédiate entre sa perception et son action. Suivant la qualité énergétique du déroulement temporel du son perçu, il sentira comment poursuivre son activité émettrice.
Dans la réalité, ces différentes opérations sont presque automatiques. De ce va-et-vient entre l'action et la perception se dégagent petit à petit des représentations mentales incitant à différencier les éléments perçus. La répétition d'un même événement perçu et la variation qui en naît du fait du comportement de l'émetteur, crée un autre événement *« que nous sommes bien obligés d'appeler musical » (Pierre Schaeffer, Traité des objets musicaux, p. 45).*
Le jeu musical existe dès lors qu'une démarche abstraite permet de dégager à partir de phénomènes sonores concrets et organiques, des critères de ressemblances et de variations, donc de se représenter mentalement le phénomène. *« L'invention mentale est donc un achèvement, elle émerge lentement de l'invention motrice, à l'aide de suggestions de l'activité elle-même surtout lorsque celle-ci est modifiée par l'ambiance ou l'abaissement de tension ludique »* écrit, à propos du petit enfant, J. Chateau *(Le réel et l'imaginaire dans le jeu de l'enfant, p. 83)* qui ajoute : *« ... Mais toujours l'invention gardera quelques traits de cette exploration*

primitive, toute motrice dont elle est née, et c'est à elle qu'elle reviendra bien souvent. »
Nous sommes tentés d'appliquer cette affirmation à l'invention musicale et aux lois qui la régissent.
L'invention sonore puis musicale vient des changements de gestes. C'est l'acte même qui permet de produire ces différences, qui les mesure et les qualifie. Très vite, « l'émetteur » saura organiquement que la manière de frapper engendrera un son plus ou moins sec ou long, que le déplacement de sa paume sur une peau tendue déplacera le son dans l'échelle des hauteurs.
C'est à partir de ces observations que l'instrumentiste cherchant à retrouver certains sons qu'il a déjà joués, analysera puis structurera certaines qualités du son qu'il aura sélectionnées par sa pratique.

Car la démarche musicienne consiste justement à repérer ces qualités et à en jouer en leur donnant des rôles. C'est par un continuel aller et retour entre la production et l'abstraction, un jeu même pourrait-on dire, entre ces deux activités, que le système musical s'est élaboré.
Pierre Schaeffer,lui, distingue quatre types de jeux principaux : *« Dans cette activité instructive antérieure à toute codification des structures, rythmiques ou mélodiques, on voit apparaître quatre jeux : deux d'entre eux sont relativement explicites, celui des rythmes et des hauteurs ; les deux autres, celui des timbres et celui des intensités, sont implicites. » (Traité des objets musicaux, p. 45.)*
En Occident, on a surtout retenu les jeux de rythmes et de hauteurs et cela sans doute pour des raisons de notation. En effet, jusqu'à présent seules les hauteurs et les durées pouvaient être représentées graphiquement. Comme en Occident, il semblerait que ce qui n'est pas écrit, n'a pas d'existence reconnue, la musique a donc fini par être réduite, au moins dans sa représentation, écrite, aux deux paramètres de hauteur et de durée, les intensités n'étant signifiées que par un code très sommaire (f,ff,p,pp,ppp) et le timbre par la simple mention du nom de l'instrument. Et cette réduction écrite a tellement influencé l'auditeur qu'on en est arrivé à une analyse de la perception musicale comme si elle ne jouait que de deux paramètres. Actuellement, on sait « calculer » un timbre ou une attaque grâce aux ordinateurs et on peut donc au moins numériquement, décrire le son dans toutes ses composantes (ce qui ne veut pas dire que les sons ainsi calculés sont pour autant « musicaux » une fois joués, mais c'est un autre problème !).

Et on assiste à un élargissement du domaine potentiellement musical, dû surtout aux expériences de musiques non-écrites : qu'il s'agisse de pratiques comme le jazz et la pop ou de la découverte des musiques extra-européennes où le jeu instantané prédomine sur l'écrit ; ou de la musique électro-acoustique dans laquelle le compositeur, par l'intermédiaire de la bande enregistrée, joue « directement » avec sa matière sonore, toutes pratiques ouvertes à l'imprévu et pouvant, à cette occasion révéler des formes et des sonorités inouies.

Chaque civilisation retient des registres de jeux qui lui sont particuliers. Mais chaque stade d'abstraction et de raffinement dans la structuration des événements sonores voit, en même temps que les registres de jeux se précisent, la perception orientée vers ceux-ci et s'y limiter. Là où la perception d'un paramètre particulier gagne en acuité, elle tend à le perdre pour les autres critères jusqu'au jour où arrivée à un épuisement des relations susceptibles d'être créées par ce paramètre, elle se tourne vers d'autres. C'est la rançon de l'évolution que de ne pouvoir naître que de l'épuisement d'un système.

Mais si le jeu, se muant en système, laisse de côté certaines caractéristiques du son pour faire plus spécialement apparaître celles qui lui sont nécessaires, il ne supprime pas pour autant toutes les autres. Un son défini, dans une œuvre musicale par sa hauteur et sa durée a bien néanmoins un grain, une attaque, une dynamique. Par exemple, le même do joué par un métallophone, un hautbois et un violon offre à la perception des effets totalement différents. C'est que dans la composition d'un son, il entre infiniment plus de paramètres que ceux qui sont notés dans une partition occidentale.
La structure musicale dépend de paramètres privilégiés et « mis en jeu » dans un système, celui-ci s'étant élaboré dans l'acte même de jouer. Le fait de ne retenir que certaines caractéristiques du son est indépendant du fait de l'écrit puisque nombre de systèmes musicaux extra-européens se passent de notation et basent néanmoins leur jeu sur des relations précises entre certains paramètres.

Par ailleurs, en parcourant l'histoire de la notation occidentale, on s'aperçoit que la part de « jeu », laissée à l'interprète, au sens de l'invention personnelle de structures, se rétrécit à mesure que le système de notation se précise et se complexifie. Ce qui était structure issue du jeu, dispositif délimitant un territoire et une forme globale et laissant à l'intérieur de ce cadre la possibilité de se déplacer comme on voulait, par exemple, au XVe et XVIe siècles, les ornements (notes laissées à l'appréciation du musicien au cours de l'exécution) ou les cadences conclusives (qui quelquefois devenaient des mouvements entiers improvisés) tend à devenir parcours obligatoire. De même, plus tard, la pratique des variations sur un thème donné, les réductions de partitions polyphoniques pour un seul instrument, les transcriptions obligeaient les musiciens à manifester de l'invention et de l'imagination. Du XVIe au XIXe siècle, on assiste à une volonté croissante de fixer le jeu musical tout entier dans l'écrit. A partir de là, compositeur et interprète vont devenir deux entités distinctes alors qu'auparavant, le compositeur était toujours instrumentiste et les instrumentistes avaient la liberté, s'ils se servaient d'une partition, d'ornementer, d'improviser sur un texte existant. L'interprète n'a plus alors qu'à jouer un texte entièrement écrit et qu'il doit respecter scrupuleusement. Bien sûr, un vrai interprète musicien sait et doit retrouver le souffle premier du compositeur, la *trace du jeu*, mais la manière dont la musique est transmise à l'heure actuelle ne favorise pas ce degré d'expression.

La représentation écrite, devenue autonome, se permet des jeux abstraits de plus en plus sophistiqués et creuse de plus en plus l'écart entre la pratique expérimentale et inventive de l'interprète, et l'élaboration intellectuelle du compositeur. Cette division figée du travail entre compositeur et interprète ne concerne qu'une très courte période dans l'histoire musicale. Actuellement, les compositeurs-instrumentistes resurgissent, inventant leur propre musique, et par ailleurs, certains compositeurs écrivent des œuvres dites « ouvertes » où l'interprète a sa part d'imagination à fournir (cf. chap. sur la notation), signes de la nécessité de retrouver, avec les moyens techniques de maintenant, le jeu et le geste musicaux profonds. En effet, quelle que soit la forme de la composition, elle ne sera réellement une musique vivante que si elle se souvient du jeu primitif, que si elle permet d'oublier calculs et écritures pour ne plus faire émerger que les impulsions musiciennes à travers le déroulement de la sonorité dans le temps.

Caractéristiques du jeu musical

En mettant en scène des énergies sous forme de sons, le jeu musical est donc le révélateur de forces cachées. La dynamique imprimée au son traduit la tension transmise de l'instrumentiste à l'objet résonnant (voix ou instrument) et par là, est directement reliée à l'état émotionnel du musicien. Entendons-nous bien : il ne s'agit pas forcément d'exprimer explicitement la joie ou la tristesse, de calquer une musique sur un sentiment et son comportement supposé le traduire mais plutôt de faire surgir en sons les variations intimes de notre manière d'être dans le temps. Si la musique est l'art de penser avec des sons, dans le jeu musical, la pensée est traduite dans l'instant par l'intermédiaire de l'instrument. Le son n'existant qu'en mouvement, est un des supports privilégiés qui nous met dans un état organique semblable à celui où nous sommes selon nos mouvements psychiques (attente, violence, etc.). La sonorité a pour pouvoir de déclencher notre mémoire organique émotionnelle. *« La seule chose qu'elle (la musique) imite ou reproduit directement dans la passion, c'est son dynamisme ; le pouvoir d'expression que nous lui attribuons est fondé sur le principe suivant : tout mouvement représente pour nous la cause qui l'a produit ; » (Combarieu, La musique, ses lois, son évolution, p. 112).* La sonorité est de l'énergie manifestée. Le jeu avec les sonorités est un jeu avec cette énergie.

Contrairement à la composition écrite, où les interactions des dynamiques sont réglées une fois pour toutes, dans le jeu, elles s'organisent instantanément de manière imprévisible et sont impossibles à rejouer exactement. Le sens général apparaît dans l'action même, se crée au fur et à mesure de l'évolution du jeu. Chaque proposition en entraîne une autre, choisie parmi une infinité de possibles. Le talent du musicien consiste à savoir choisir la proposition la plus juste par rapport à l'ensemble du jeu. Cette justesse indéfinissable à priori puisqu'elle se crée dans l'instant, naît de la perception qu'a le joueur de l'ensemble du jeu et de la nécessité d'y apporter tel ou tel élément pour créer un consensus cohérent. Alors apparaît le « musical ».
(Au cours des nombreuses improvisations auxquelles nous avons participé, nous avons pu remarquer que le sentiment d'échec ou de réussite était toujours unanimement partagé comme si, indéfinissable, quelque chose de « musical » ou non avait circulé.)

Le musical surgit à l'improviste mais dépend de la maîtrise temporelle et gestuelle des musiciens. Que le jeu soit solitaire ou à plusieurs, chacun doit sentir la nécessité d'une attaque, du prolongement, de la rupture, du silence, doit accompagner de son écoute le déroulement de la sonorité dans le temps pour savoir quelle autre dynamique, quelle autre attaque, quel silence ajouter.

Le jeu musical exige des qualités telles que : *sens du temps*, *inventions* de sonorités, *écoute* raffinée qui permet d'analyser instantanément la sonorité, le paramètre intéressant à exploiter, *mémoire* qui situe l'action immédiate dans le déroulement général, *maîtrise gestuelle* pour que le son joué corresponde exactement au son imaginé intérieurement.
Les lois qu'il se donne sont renouvelables à chaque nouveau jeu : soit que le parti-pris soit justement l'absence de lois comme dans certaines tentatives de free-jazz, soit que la contrainte mette en valeur une structure (enchaînements d'accords, dynamique générale, etc.) ou un paramètre (timbres, attaques, densités, etc.). Il est évident que, même si la priorité est donnée à un paramètre, cela ne supprime pas les autres puisque le son ne peut être réduit à un seul ; mais la contrainte donne une cohérence et richesse à l'ensemble du jeu, en suscitant une exploration plus fouillée d'un paramètre. Par ailleurs, on s'aperçoit vite que le travail sur un seul paramètre interagit automatiquement sur les autres. Par exemple, l'attaque d'un son engendre un certain temps de déroulement propre à ce dernier et donc, appelle un jeu de durées propre aux sonorités émises.
Le jeu musical est bien dès lors de la composition puisqu'il s'agit de maîtriser et d'ordonner dans le temps tous les éléments constitutifs de la musique. Le jeu musical peut être appelé *composition instantanée.*
L'*écoute* doit toujours être en alerte afin de réagir d'une manière « juste » à chaque proposition. A la fois analytique et globale, abstraite et organique, elle suppose un continuel aller et retour entre le son perçu et l'intention immédiate de jouer.
Le jeu musical allie le plaisir de l'invention à celui de l'analyse. Parce qu'il ne se moule pas dans un système a priori mais n'existe que dans celui du moment où il se fait, il peut orienter l'attention perceptive vers des événements inouis ; et c'est bien de ces trouvailles qu'est faite l'histoire de la musique. L'écrit ne vient qu'après

la découverte et ne recouvre qu'une infime partie de la pratique musicale. « *L'harmonie est donc bien à remettre à sa place : comme théorisation* après coup *de pratiques courantes et sujettes à fluctuations au cours des cinq siècles d'*harmonia extemporanea *(du nom du titre du manuel de Calvisius, de 1592) ». (D Levaillant, L'improvisation musicale, p. 154)*
L'écriture, loin de supprimer la pratique du jeu finit par intégrer à son système ce qui n'a pu se révéler qu'en dehors de lui. Elle cerne certaines relations possibles et éprouvées et limite, à chaque période de son histoire le domaine musical à ces relations. Mais jamais elle ne pourra empêcher qu'en dehors d'elle, les musiciens continuent d'explorer l'infini du champ sonore pour y capter, par le jeu, le musical.

Avec les enfants

On ne peut rêver meilleure approche de la musique, le jeu ressortissant à la fois de la pédagogie et du musical. L'enfant appréhende la réalité par le jeu, le musicien appréhende la musique par le jeu.
Celui qui, de son jeu, tire une structure fait, à son niveau, un travail semblable à celui de l'enfant qui, de ses comportements actifs, tire des notions abstraites, passant ainsi de l'acte à la réflexion, du réel à l'imaginaire, du non-pensé au pensé.
La musique, dans la mesure où elle se passe du langage pour exister mais ne fonctionne qu'en faisant intervenir l'organisation donc l'abstraction dans le temps, peut être un des lieux importants où l'enfant découvre l'abstraction. Intuitivement, il mesure les différences, organise le déroulement des événements dans le temps, répond à ce qu'il a perçu, mémorise les événements passés.
Le jeu musical, indépendamment du fait qu'il amène à acquérir les bases nécessaires au bon musicien, facilite l'abord des formes abstraites, de l'interdépendance des formes entre elles, la nécessité qui lie une forme à une autre. Ne serait-ce pas là un apprentissage complémentaire de celui du langage et des mathématiques ?
L'importance de l'appréhension de la musique d'abord par le jeu et non par la connaissance d'une théorie tient à l'importance du geste qui fait apparaître la différence entre deux variations d'un même paramètre (par exemple, jouer de plus en plus fort ou de plus en plus doucement sans pour autant aller plus vite, ou au contraire, jouer de plus en plus vite sans augmenter l'intensité.) C'est par une conscience organique des

éléments constitutifs de la musique que l'enfant en acquiert une conscience intellectuelle.
Le rôle du maître est, à partir du jeu spontané (nous entendons par spontanée toute production qui vient directement de l'invention de l'enfant, même si elle s'insère dans des règles de jeu proposées à l'avance), de faire émerger cette conscience qui permet de différencier les hauteurs, les timbres, les attaques, de faire remarquer que tel geste produit tel son, que tel enchaînement de gestes donne telle structure ; et aussi parallèlement de proposer, à partir de dispositifs de jeux, des formes musicales globales qui permettront à l'enfant de « sentir » cette forme tout en faisant, grâce à son action personnelle qu'elle existe. *« C'est en jouant et peut-être seulement quand il joue, que l'enfant ou l'adulte est libre de se montrer créatif. » (D.-W. Winnicott, Jeu et réalité, p. 75).* Analyse et perception globale sont les deux faces indissociables du jeu musical et comme tel tout à fait formatrices pour l'enfant.
Celui-ci aime organiser les sons, nous l'avons constaté plus d'une fois, le brouhaha informel ne le satisfait pas très longtemps ; très vite, il sent la nécessité de maîtriser sa production et de lui donner une forme dans le temps. Si on met des instruments à la disposition d'un petit groupe de trois ou quatre enfants, ceux-ci vont d'abord jouer de manière informe essayant, explorant les sonorités et leurs réactions les unes par rapport aux autres puis recommenceront en choisissant les éléments retenus, en ayant visiblement plaisir à les organiser.
Il semble que le son soit une source inépuisable de découvertes et de sensations pour l'enfant (comme pour l'adulte d'ailleurs !), lui permettant d'entendre ses pulsions, miroir sonore en quelque sorte de ses forces cachées. Par ailleurs, puisqu'il n'y a pas de modèle à respecter, il n'y a donc pas de sanction, la seule chose qui puisse arriver étant la perte du plaisir à jouer si la production est trop éloignée de l'intention motrice.
Ce plaisir ne se satisfait pas de n'importe quoi car il exige de chacun, dans un jeu collectif, d'être à la fois à l'*écoute de soi* et à l'*écoute des autres* :

- écoute de soi car un son n'est « juste » (au sens de l'expression vraie et non de la hauteur solfégique des notes) que s'il exprime réellement l'énergie et la force personnelle de quelqu'un, que si son acte reflète exactement le mouvement de son âme ;
- écoute des autres pour savoir, par l'intermédaire des

sons, réagir, dialoguer, construire, ajouter avec et aux propositions des autres pour trouver la forme générale la plus équilibrée, la plus satisfaisante, la plus juste aussi eu égard aux matériaux et aux énergies individuelles mises en jeu. Le jeu à plusieurs a cette vertu de ne procurer un plaisir singulier à la fois physique et intellectuel que s'il s'inscrit avec justesse dans le consensus de l'invention et de la maîtrise d'une forme plus générale, sans qu'aucun des participants n'ait rien à renier de sa singularité.

Composer

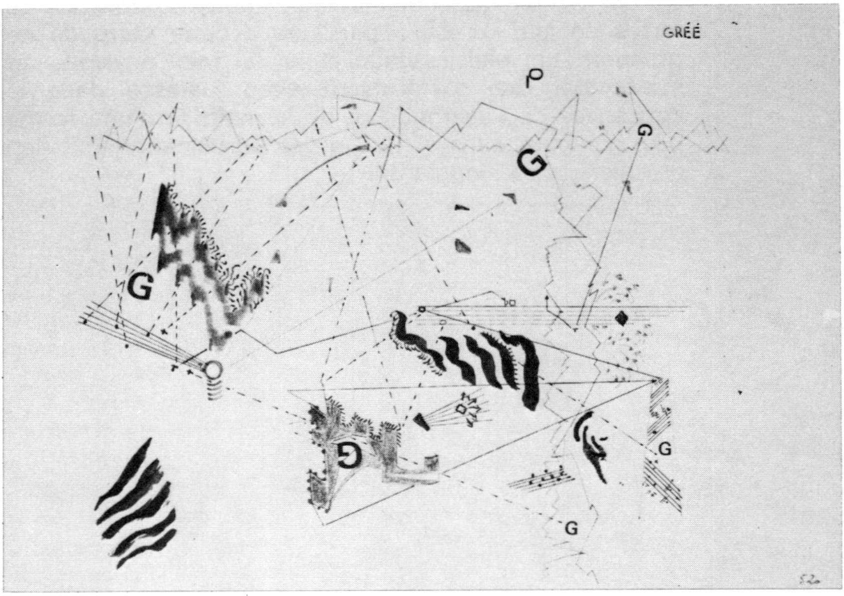

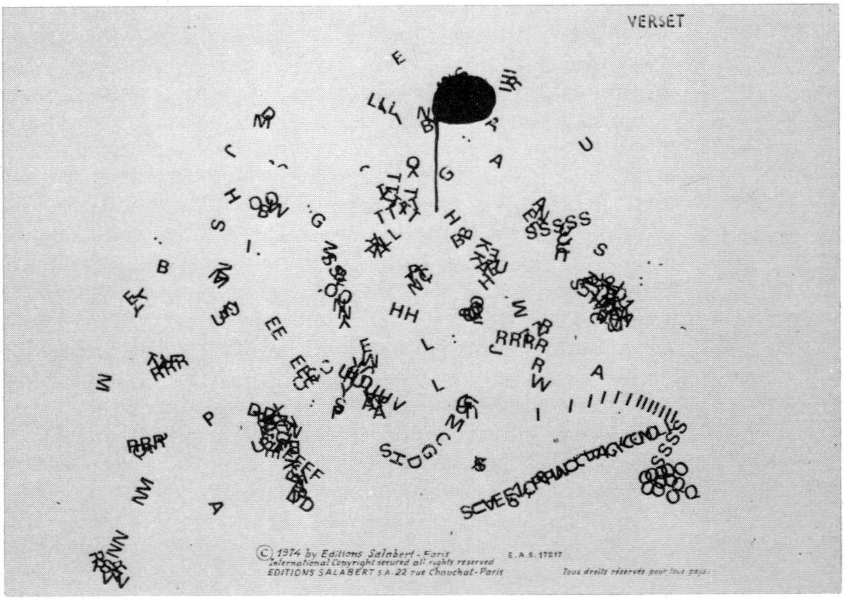

Reproduction de la partition de Marius CONSTANT.

L'IDÉE MUSICALE

« Écrire une fugue n'est pas difficile, j'en avais fait par dizaines en mes années d'études. Mais l'imagination réclame aussi ses droits, et il faut faire entrer, aujourd'hui dans cette forme ancienne, un véritable élément poétique. » écrit Beethoven à son ami Holtz.

L'idée musicale est comme une vision intuitive d'une correspondance possible entre une forme globale d'organisation et un matériau sonore adapté à cette forme dans son déroulement dans le temps. Elle est une représentation statique d'un événement qui n'existera que dans le dynamisme des sons et de là, de cet impossible miroir, naît la difficulté de la composition.
En effet, si « écrire une fugue n'est pas difficile » (!), c'est-à-dire décider ou se servir d'un schéma structurel semble relativement simple, encore faut-il imprégner cette structure d'un sens qui, lui, n'apparaît que dans l'existence même du matériau en devenir.

Or il est certain qu'en réfléchissant sur la musique et même parfois en l'écoutant, nous ne sommes déjà que trop portés (...) à évoquer son graphique, à la considérer sous l'aspect d'une page marquée de signes. « Forme » doit être pris dans son vrai sens, non statique, ainsi qu'on en a la regrettable habitude, mais dynamique. *Et c'est précisément la musique qui nous donne la possibilité de saisir nettement cette signification dynamique, d'apercevoir la nature essentiellement* fonctionnelle *de la forme ». (B. de Schloezer, Introduction à J.-S. Bach, p. 101).*

Le matériau et sa logique
La musique a ceci de particulier de ne vivre qu'à travers la sonorité ([1]), laquelle ne prend forme que si elle est structurée dans le temps, et n'est structurée qu'en fonction des propriétés évolutives du matériau qui constitue cette forme même. On ne peut en effet séparer la forme des matériaux qui lui donnent vie. Imaginons un dessin au crayon noir. Ajoutons à ce tracé différentes couleurs délimitant des champs visuels tout en respectant le tracé. Si le dessin reste le même, l'ajout de couleur aura pourtant modifié la perception que nous en aurons au point de nous trouver devant quelque chose de totalement autre. Il en est de même d'une structure musicale.
On peut avoir envie d'organiser les sons suivant une idée de forme a priori. Mais le contour de cette forme définie statiquement ne trouvera sa réalité que par ce qui vient lui donner consistance. Pour une même forme de vêtement, la qualité du tissu est déterminante dans la réussite : le vêtement aura de l'allure si le matériau

1. A quelques exceptions près, qui sont des cas extrêmes, l'Art de la Fugue de J.-S. Bach, par exemple, écrite à l'origine pour n'être que lue.

« ...la durée absolue joue, dans l'estimation de ces rapports (intervalles), un rôle primordial : une relation acceptable lorsqu'elle apparaît très brièvement, devient intolérable si elle demeure présente pendant un laps de temps plus étendu. Les lois de vitesse de la perception se retrouvent là comme partout ailleurs ; »... (Pierre Boulez, Penser la musique aujourd'hui, p. 52).

employé est parfaitement adéquat, nécessaire à sa forme (tissage, maintien, couleur) mais on ne saura qu'une fois le vêtement réalisé que l'intuition était juste. C'est la même chose en musique, à cette différence près que l'adéquation forme-matériau se fait à chaque instant du temps d'existence de l'œuvre et que chaque instant amène ou non la nécessité de l'instant suivant, fût-il un silence, jusqu'à dévoiler le sens final dont on ne saisira l'essence qu'une fois l'œuvre déroulée. (Cette idée même a été remise en cause par le compositeur américain John Cage, pour qui la musique peut exister aussi par l'intention perceptive que nous avons en écoutant les événements sonores dans lesquels nous baignons.) On peut bien décider a priori d'une forme, d'une structure, que celles-ci existent déjà codifiées, par exemple la forme valse, ou qu'on l'invente, mais, si le matériau employé ne porte pas en lui une force, un sens manifesté par la volonté du musicien, l'intention formelle risque de ne pas aboutir. En effet, il semble que le matériau sonore ait ses lois internes propres qu'il incombe au musicien de découvrir, de mettre à nu, de mettre en jeu. Chaque époque, chaque civilisation découvre et explore des relations possibles entre les sons dont on s'aperçoit elles étaient déjà plus ou moins liées à la nature des moyens qu'elle emploie.

A propos de « Mouvement, Rythme, Étude » de Pierre Henry : « Mouvement, Rythme, Étude » est une musique de « gestes sonores » (...). Pierre Henry utilise systématiquement les périodicités irrégulières *où un objet sonore se répète en se variant, tombant toujours un peu à côté du moment où l'on pourrait l'attendre, dans une perpétuelle inquiétude rythmique créée par des mélanges plus ou moins aléatoires de différentes cellules cycliques qui, se synchronisent de façon variable. » (Michel Chion, « Pierre Henry », p. 157.)*

De tous temps et dans tous les pays, la relation la plus fouillée a été celle des hauteurs, des intervalles. Très vite, on s'est aperçu que, physiquement, un son de hauteur simple à l'oreille, est déjà à lui seul, un son complexe : certes, on entend une hauteur mais celle-ci est accompagnée d'autres hauteurs, appelées « harmoniques ». Ces phénomènes vibratoires sont décomposables et analysables mathématiquement. Par exemple, si on joue sur une corde de violon une note, il se forme un « ventre » de vibrations au milieu de la corde et on entend le son fondamental. Si par ailleurs, on touche cette même corde à la moitié exactement de la partie en vibration au 1/3, au 1/4, on entend grâce aux nouvelles vibrations les sons harmoniques.
Les gammes sont fondées sur ces relations proportionnelles entre les sons et constituent déjà en elles-même des structures d'organisation, un mode d'emploi. Les échelles d'organisation changent, d'une époque et d'un pays à l'autre. Les gammes et les modes qui nous sont familiers ont déterminé la musique occidentale jusqu'à la fin du siècle dernier où déjà Debussy, en utilisant la

Le mantra lui-même est fait de 13 notes, et les sons des cymbales indiquent les séparations entre les différentes parties de l'œuvre : on entend la cymbale chaque fois qu'un nouveau son central annonce la partie suivante. Il y a également des wood-blocks qui servent à souligner certaines attaques et certains effets de chutes... » (Conversations avec Stockausen, J. Cott, p. 251).

gamme par ton, commençait à destabiliser les habitudes auditives puis vinrent les Viennois (Berg, Webern, Schoenberg) et leur séries de douze tons, annonçant la musique contemporaine que nous connaissons.
Tout comme les hauteurs, les durées ont aussi fait l'objet d'une mise en ordre précise, et cela pour une raison musicale : la polyphonie, en faisant intervenir plusieurs voix à la fois ayant chacune leur propre rythme mais en relation avec les autres, a nécessité des points de repères dans le temps. Ainsi, est né le système de mesures égales que nous connaissons et que nous appelons souvent mal à propos, le rythme. – Mais le rythme n'est pas à confondre avec la mesure, il est l'ordonnancement des événements dans le temps, suivant une logique immanente à l'ensemble des sons constituant la forme en devenir, il est le son en devenir pensé et organisé musicalement. – La mesure, elle, division rationnelle du temps et procédé d'écriture, a fini par s'imposer à l'oreille et à sous-tendre même les compositions qui s'en libèrent le plus. A l'intérieur de chaque mesure, on a enserré les hiérarchies entre temps fort et temps faible, le premier temps, en général plus accentué, étant le plus important. Plus tard, encore, à peu peu près à l'époque de J.-S. Bach, on s'est préoccupé de la notation des dynamiques et des jeux possibles entre elles.

« Une composition est une composition et j'ai décidé d'en finir avec l'alternance de mouvements (lent-vif, modéré, très vif) propre à la symphonie classique. C'est un concept dépassé. Il faut au contraire que les tempos puissent exister simultanément, relativement les uns aux autres à l'intérieur d'une composition totalement intégrée, de manière inattendue. Il faut que le tempo puisse changer à chaque instant » (Conversations avec Stockausen, J. Cott, p. 218)

Enfin maintenant et depuis la fin du XIXe siècle, le timbre fait l'objet de l'attention des compositeurs au même titre que les autres paramètres (le timbre avait toujours été explicitement très important dans la musique chinoise et, sans doute, implicitement aussi dans certaines civilisations (cf. chap. sur le son et ses paramètres à propos du lithophone, 3000 ou 4000 ans avant notre ère.) L'idée musicale, *mettant en évidence certains aspects du son,* fait surgir des relations possibles et nécessaires entre eux.
On n'a pas fini d'épuiser le champ des possibilités structurelles car l'exploitation d'un paramètre entraîne une logique des tensions propre aux sons employés et modifie tout le système relationnel établi auparavant. Par exemple, si j'emploie un son de gong, je dois tenir compte à la fois de sa complexité et de son évolution dans le temps, laquelle sera différente si le coup est donné doucement ou brutalement. Si j'ajoute sur cette résonance un autre son, l'effet sera différent selon que je le fait intervenir aussitôt après le coup de gong ou un peu plus tard. En effet, les dynamiques et les

« Liszt est le créateur d'une forme libre, le poème symphonique que l'on pourrait qualifier de version orchestrale des morceaux des « Années de pèlerinage ». Dans sa coupe, il n'y a aucune trace du dispositif classique qu'accuse la construction de Beethoven, il n'y a ni dualisme thématique, ni développement régulier ni périodes symétriques. Point d'exposition, de développement, de réexposition ; l'alternance ou la succession des thèmes ou fragments thématiques obéit à un nouvel ordre fondé, comme toute la technique romantique, sur l'application de la séquence et sur les transitions. » (E. Haraszti, Liszt, Histoire de la Musique, tome 2, p. 551.)

harmoniques en ne seront pas les mêmes d'un instant à l'autre. Le compositeur peut, sur le papier, avoir l'idée d'organiser de telle ou telle manière les sons dont il dispose suivant des lois qu'il décide, mais la composition ne sera réussie que, si, à l'écoute, les tensions en jeu paraissent nécessaires et évidentes, donc si elle a su utiliser les lois internes propres aux sons eux-mêmes. Une même formule rythmique, suivant qu'elle est chantée ou jouée par un instrument prend des sens différents. De même, une œuvre conçue pour un orchestre et réduite au piano perd une grande partie de son intérêt car la réduction supprime certains timbres, certaines sonorités essentielles à la forme, ne fait plus apparaître que le squelette de la structure.
« Une forme musicale, de même qu'une forme poétique ou plastique, est singulièrement individuelle ; elle est la forme précisément de cette matière et n'existe que par rapport à celle-ci, de même que cette matière musicale ou poétique ou plastique est toujours uniquement la matière précisément de cette forme. » (B. de Schloezer, Introduction à J.-S. Bach, p. 98).
Le rôle du compositeur est justement de faire émerger, de manifester cette logique immanente au déroulement musical et pour cela d'être « à l'écoute » du matériau pour l'employer au bon moment. C'est un peu comme en cuisine, où l'on doit tenir compte de la nature des « réactions » entre les ingrédients pour les combiner au fur et à mesure.
Il y a *dans le temps,* un *ordre nécessaire,* sans quoi le produit final n'existe pas.
Les sons calculés, représentés graphiquement sont une construction abstraite qui ne prend le nom d'œuvre que si la représentation statique, une fois incarnée dans le son, manifeste à la fois une forme et un sens préhensible à l'*écoute*.

L'idée musicale ou l'organisation formelle
L'idée musicale peut naître du jeu (cf, chap. sur le jeu musical).
On l'a vu, le geste du joueur fait apparaître des différences de hauteurs, de timbres , de durées, etc..., qu'il sélectionne, hiérarchise, organise au fur et à mesure de son jeu et de la nécessité d'enchaîner tel son à tel autre, de superposer tel timbre à tel autre. A force de variations dans la répétition, des échelles de valeurs se dégagent délimitant structures et lois.
Mais l'idée musicale peut naître de schémas d'organisa-

Sonate en la mineur op. 42 de Schubert, à propos de la coda : « Les oppositions d'intensité ont une valeur structurelle. Elles concentrent, elles résument le jeu des tensions et des détentes du mouvement entier et mettent en valeur l'étonnante irrégularité de coupe des phrases qui, à son tour, souligne l'alternance féconde du modal et du tonal ». (Schubert, par D. Handman, Histoire de la musique, vol. 2, p. 352.)

tion issus soit d'images, de mouvements, de rythmes entraînant une conception nouvelle du temps, soit de jeux de symboles (notes ou chiffres).

En Occident, le système de notation est devenu à ce point autonome par rapport à la réalité sonore qu'on en est arrivé à concevoir la musique sous forme de relations complètement abstraites.

Pour I. Xenakis, une des hypothèses possibles, est que « *tout son et même toute musique peut être considérée comme un nuage géant de corpuscules sonores de grains sonores, qui par ses modulations statistiques dans le temps nous donne l'impression de tel son ou de telle musique.* » *(Musique-Architecture, p. 34)*

Ou encore pour P. Boulez, il a semblé « *indispensable de concevoir l'interchangeabilité des composants sonores comme phénomènes structurels de base* ». *(P. Boulez, Penser la musique d'aujourd'hui, p. 37).*

Un son est composé d'un ensemble de fréquences qui, en évoluant de manières différentes, déterminent sa hauteur perceptible, sa durée, sa dynamique, son intensité. Ce qu'on nomme *note* est déjà une structure composée et une mélodie simple est déjà macro-structure bâtie sur plusieurs micro-structures complexes. L'enregistrement permet de percevoir, à l'écoute, l'interchangeabilité des paramètres. Imaginons une suite d'accords assez éloignés les uns des autres. Cette suite harmonique enregistrée et réécoutée à une vitesse plus rapide nous fait entendre un rythme, à vitesse extrêmement rapide, ce n'est plus qu'un seul accord avec un timbre particulier ; si, au contraire nous ralentissons la vitesse de défilement par rapport à la vitesse originale, les accords s'étalent en rythmes complexes, comme une loupe grossissant une photo fait saisir le grain de l'image.

A propos de la carole, danse du Moyen Age accompagnée de musique : « L'exécution de la carole est caractérisée par les interventions alternées d'un chef (coryphée, ou « chante-avant ») et du groupe entier. Les formes varient dans le détail, mais elles ont toutes un trait commun fondamental : le refrain (responsorium ou ripresa) chanté par le groupe choral. » (M. F. Bukofzer, Danse et musique instrumentale, Histoire de la musique, vol. 1, p. 835.)

Pour K. Stockhausen « *la même note peut avoir n'importe quelle durée et n'importe quel timbre. L'emploi des paramètres interchangeables mettra tout naturellement en lumière de nouvelles attitudes vis-à-vis de ce qu'est la construction* ». *(Conversations avec Stockhausen, p. 258, J. Cott).*

Ayant à sa disposition d'autres moyens d'investigation dans le domaine acoustique et les lois qui le régissent, le compositeur ne peut plus concevoir la musique comme avant.

Pourtant, alors que la musique actuelle s'écrit pour une bonne part sous forme abstraite, il semblerait qu'elle soit pensée sous forme de gestes, d'images, de mouvements. » *Si la musique traditionnelle a toujours pu se fredonner, il semble que la musique contemporaine, pour s'esquisser, fasse davantage appel au geste* » écrit Pierre Schaeffer dans Traité des objets musicaux (p. 629). Cela n'est pas contradictoire. La mélodie n'est-elle pas un geste mélodique qui relie hauteur après hauteur, une succession de notes dans un mouvement global ? Par ailleurs, les découvertes acoustiques récentes mettent l'accent sur l'évolution dans le temps et dans l'espace, le mouvement interne propre à chaque son, le *processus* qui le fait exister. L'heure est plus à découvrir le geste immanent, à le montrer qu'à composer au sens statique d'autrefois. Par exemple, de Zeitmasse, pièce pour instruments à vent, K. Stockhausen dit : *« Je tiens un accord pendant un certain temps, puis je fais sortir les instruments, l'un après l'autre par des crescendo-decrescendo. Au début, on croit entendre un son unique, mais ensuite on comprend qu'il s'agit d'un son composite, puisqu'on en perçoit tous les composants, les uns après les autres. » (Conversations avec Stockhausen, p. 34).*

Ce sont les relations dans la constitution même des sons qui sont à la base des idées musicales actuelles des compositeurs.

« Ce qui m'intéresse, c'est de montrer que la voix humaine peut être celle des canards, que celle des canards peut avoir le son argenté de morceaux de métal dans une boîte, etc... Toutes ces sonorités sont reliées entre elles de façon extrêmement subtile par la manière dont on les écoute et par la manière dont elles sont exposées dans le temps et dans l'espace. Le matériau de base est toujours le même » (Conversations avec Stockhausen, p. 169).

Même son de cloche (si l'on peut dire !) chez Pierre Henry qui, lui, ne se sert pour composer, que de sons enregistrés.

« Pierre Henry cherche pour chaque œuvre une palette sonore propre *pour laquelle il collecte des sons de différentes sources se mariant ou s'opposant entre eux. Il ne faut pas confondre* famille de sons *et* famille de sources *et* fétichiser la source sonore. *(...) Par exemple, la palette sonore d'une œuvre comme le* Voyage *est très homogène et pourtant les sources sonores en sont très hétéroclites : souffle humain, Larsen, tiges vibrantes, cris manipulés,sons électroniques. » (Pierre Henry, de M. Chion, p. 80.)*

Dans le culte vodun au Bénin, les « nouvelles » initiées chantent une action de grâce pendant leur réclusion. G. Rouget écrit à propos de cette musique : « Le chant est purement vocalisé, je veux dire qu'il ne comporte aucune parole, sur des valeurs très longues (blanches, blanches pointées, rondes) reliées entre elles par des mélismes courts, faisant emploi de valeurs brèves (croches ou croches pointées) et dessinées avec beaucoup de précision. La voix est totalement démunie de vibrato, ce qui donne à cette mélodie très lente ponctuée de silences soigneusement mesurés une allure de peinture zen, dont les volumes disparaîtraient dans l'air, lentement au fur et à mesure qu'elles se forment. Le chant, qui dure une dizaine de minutes, se compose d'une suite de 7 strophes répétées chacune deux ou trois fois avec des variantes (...).

Ces voix si légères, si dépourvues d'épaisseur, si désincarnées se déplacent dans l'espace sans soutien rythmique créant ainsi une architecture totalement abstraite. Les mêmes cellules mélodiques sont constamment en jeu mais suivant des enchaînements qui ne cessent de varier et qui font qu'on ne sait jamais exactement où on en est. » (G. Rouget, la musique et la transe, p. 99.)

Et pourtant, à l'écoute, tout sonne de façon harmonieuse. C'est donc que les sons ont trouvé une correspondance qui n'est plus liée à une famille instrumentale mais bien à leur vie propre, à leur composition interne, à leur forme en évolution dans l'espace et dans le temps et ceci grâce au compositeur qui a su, à partir de son idée musicale, mettre en évidence ce mouvement immanent. Aujourd'hui, il s'agit « d'entrer » dans le son, de l'écouter, de comprendre comment sa *structure interne* fait sa *cohérence externe*, et, à partir de là, d'expérimenter des idées musicales.
Cette attention nouvelle au matériau de base entraîne des formes nouvelles, une autre appréhension de l'espace (un même son projeté successivement à différents endroits de l'espace par rapport à l'auditeur, ou, au contraire, l'auditeur se déplaçant par rapport à un même source sonore créent des rythmes jusqu'alors inexploités) et une autre perception du temps musical (structures aléatoires, nouvelles relations entre le champ continu et le champ discontinu, perception de l'instant et non plus d'un discours linéaire, etc.).

Chaque siècle se sert de l'acquis du précédent ; Beethoven était déjà en germe dans la polyphonie et la musique contemporaine dans Debussy. A mesure que la connaissance et la maîtrise du son s'étendent, l'espace musical s'agrandit, mais reste toujours le mystère du sens immanent d'une œuvre.

Avec les enfants.
Si nous avons tant insisté sur le matériau porteur de forme, c'est que d'une part, c'est une idée tout à fait contemporaine, et que d'autre part, elle nous conforte dans l'intention qui soutient notre démarche pédagogique. L'enfant par son comportement intuitif expérimente sans cesse les évolutions possibles du son et ce qu'il entend au premier chef, c'est son mouvement et les variations de ce mouvement. Décrire, par son geste ou par le dessin, un mouvement sonore est pour lui, l'« enfance de l'art ». Ce qu'il retient à l'écoute d'une œuvre, c'est précisément sa gestuelle la plus immédiate, ses dynamiques, ses ruptures. Partant de cette écoute, qui lui est familière, il est alors facile de raffiner, de nommer, de décrire, de dessiner et enfin d'organiser. Pour notre part, nous avons toujours veillé à ce que toute notation corresponde effectivement à une réalité sonore, même « imaginaire » ou plutôt intérieure, au sens de se

chanter mentalement les sons ; sans ce souci, on risque de voir les enfants accumuler des formes graphiques dénuées de contenu musical, c'est-à-dire d'une forme réellement *pensée dans le temps*.

Nous avons aussi remarqué qu'ils organisent plus volontiers les événements horizontalement que verticalement. Autant, ils se représentent facilement un mouvement en évolution dans le temps, autant ils ont du mal à imaginer le mélange de deux timbres.

Le travail avec le magnétophone est pour cela fort utile, du simple fait qu'on peut réécouter plusieurs fois le même événement qui, sinon, serait éphémère et ainsi analyser la complexité d'un son ou d'un ensemble de sons. (Cette écoute peut être l'occasion de découvertes amenant aussi d'autres idées d'organisation.)

En ce qui concerne la composition même des sons, les enfants ne sont jamais à court d'idées et, contrairement aux apparences, aiment mettre de l'ordre dans leurs productions, donner des rôles aux sons. Assez instinctivement ils groupent les événements par catégories, mettent en relation des ensembles les uns avec les autres, font des progressions croissantes ou décroissantes, réintroduisent des formules, etc... Ils sont tous un peu compositeurs et travaillent spontanément déjà au niveau de l'*idée musicale.*

LE TEMPS MUSICAL

Le temps n'existe que par la conscience que chacun a d'un passé, d'un présent et d'un avenir.
On peut décider de le mesurer en parties proportionnelles : heures, minutes, secondes pour le temps civil, rondes, blanches, noires, croches, etc, pour le temps musical classique. Mais nous savons bien que chacun vit le temps à sa manière et qu'une demi-heure peut sembler une journée et un mois très peu de temps. Notre appréhension du temps est lié à notre vie psychologique : mémoire du passé vécu, attente que nous avons d'un devenir personnel mais aussi présent de l'instant en train de se vivre. L'expérience du temps est essentiellement intime.
La musique a pour fondement même cette expérience du temps. Le son, la sonorité n'existent que dans le temps, que dans leur mouvement dans le temps. La forme sonore croît et décroît dans le temps. « *La forme sonore, comme notre vie, est élan et arrêt alternés, une arabesque temporelle fragile qui est synthèse de souvenir et d'attente, permanence et renouvellement, habitude et novation.* » *(G. Brelet, Le Temps musical, p. 472).*
Mais la forme sonore, si elle peut être considérée comme l'image symbolique de notre vie, a cette particularité de ne pouvoir être entendue que si nous la vivons réellement dans son déroulement. Comme la parole, elle n'existe que si nous la faisons vivre intérieurement, que si nous l'accompagnons dans sa sonorité même. En lisant un livre, nous entendons mentalement les sonorités des mots, nous faisons vivre le mot. Il en est de même pour la forme sonore qui, à chaque écoute, est réellement vécue dans son déroulement.
Le son est réentendu à chacune de ses manifestations, réactualisé à chaque fois qu'il se déroule. À chacune de ses manifestations, notre conscience accompagne le son du début jusqu'à sa fin et chaque souvenir d'un son est réellement revécu temporellement comme un son. Le souvenir d'un son est, en quelque sorte, le son lui-même réactualisé dans la conscience et revécu dans le temps. Se remémorer, même mentalement une chanson, c'est se chanter à soi-même la chanson, entendre en soi la mélodie ; être attentif à son déroulement temporel c'est faire vivre en soi la mélodie, la rendre encore une fois vivante réellement.

La remémoration du son est déjà et encore le son lui-même dans son mouvement dans le temps. Paradoxalement, le souvenir du son est en même temps l'acte qui engendre ce son.
C'est la relation entre ces sons qui ont une vie propre, qui constitue une forme sonore globale qui se déroule dans le temps, autrement dit une œuvre musicale. Quand nous écoutons une musique, nous sommes donc entraînés à écouter à la fois une forme globale cohérente que nous pourrions appeler macroforme et une infinité de micro-formes, ayant des déroulemnts temporels variés.

Temps musical et contexte social
Cette organisation temporelle des éléments qui forment une musique, change selon les époques et les pays. « *La musique est un produit du comportement de groupes humains, qu'ils soient ou non institués : c'est du son humainement organisé.* » *(J. Blacking, Le sens musical, p. 18).*
Chaque groupe humain maîtrise le temps à sa façon donc produit des musiques où le temps musical lui est particulier. Chaque société, chaque groupe humain pense l'organisation du temps musical en fonction de son expérience temporelle. « *La musique nous est donnée dans le seul but d'établir un ordre dans les choses, y compris et en particulier la coordination entre l'homme et le temps.* » *Stravinsky.*
En musique, tout son est attente d'un autre son, tout son entraîne vers un autre son soit directement soit par l'intermédiaire d'un silence, jusqu'au dernier son. Alors reste en nous, dans notre mémoire, le parcours sonore temporel que nous venons d'effectuer.
Or notre expérience temporelle est précisément faite de souvenir, d'instant et d'attente. La musique, à travers la forme sonore, nous fait vivre ces différents moments consciemment, débarrassés de leur poids psychologique. Notre conscience, toujours portée vers l'avenir, lie en l'instant, ce son nouveau au son passé. « *Le temps n'est pas pure addition de moments mais la synthèse d'une forme qui seule leur donne vie en leur donnant un sens.* » *(G. Brelet, Le Temps musical, p. 437).*
Cette attente est différemment utilisée suivant les styles de musique et les civilisations et peut donner lieu à deux attitudes : soit une attitude discursive soit une attitude axée sur l'instant.
Dans le premier cas, la forme musicale suit un trajet qui

prend un sens tout au long de son déroulement, avec des points de repères jalonnant ce trajet (constante de certaines hauteurs qui reviennent comme des points d'attraction, aimantant les autres notes : tonique-dominante, temps forts-temps faibles, tempo). Imaginons un véhicule conduit par le compositeur avec l'auditeur pour passager. Ils savent tous deux où ils se rendent et quelle est la route principale, mais le compositeur réserve à son passager la surprise des routes secondaires qu'il lui fait emprunter, qui toujours le ramènent à la route principale. Les lois d'enchaînements d'accords de l'harmonie classique sont la route principale, le style et le génie du compositeur, les routes secondaires, mais, de toute façon, la direction suivie est fixe.
L'esprit est dans l'attente de la réapparition de notes-clefs aidé en cela par l'organisation de la durée qui sectionne en temps forts et faibles notre attention.
Il s'agit, dans cette attitude, de suivre un discours dont on connaît l'issue. Le temps musical est ici enfermé dans un espace limité.. Il est organisé rationnellement, par exemple divisé en mesures de durées égales. L'organisation des hauteurs opère aussi une division rationnelle de l'espace, créant une attente cyclique. Dans le déroulement de la forme classique, un accord engendre un autre accord selon des modèles en nombre limité. Ces formules préétablies risquent de nier le temps musical et, par là-même, la musique si le compositeur se contente de manier des données abstraites et en oublie son expérience temporelle vécue de la sonorité. *« Le temps rationnel classique ne rejoint qu'incomplètement le temps musical car il est toujours en quelque mesure abstrait et asservi à des schémas préalables : en lui s'exprime l'entendement plutôt que la pensée créatrice. » ... « Or le temps rationnel vivant ce ne peut être que l'expression d'un acte insoucieux de ses effets et ne recherchant la forme qu'en les profondeurs de sa spontanéité. » (G. Brelet, Le temps musical, p. 678.)*

Au comportement classique « actif » qui fait parcourir un chemin musical, s'oppose un comportement axé sur l'instant. Le son est écouté dans son déroulement mais instant par instant. On rencontre cette attitude dans certaines musiques non occidentales et dans certaines musiques occidentales modernes. Ici, les lois de l'harmonie classique mises en œuvre dans la forme classique ne sont pas utilisées. L'éternité, l'intemporel nous vient de l'écoute de l'instant. Ce sentiment peut naître de la

répétition d'une formule. Par exemple, dans les musiques dites « répétitives », qu'elles soient extra-européenne ou occidentales (répétitifs américains), on écoute le son pour lui-même pas à pas. Ces musiques sont constituées de cellules rythmiques de plusieurs notes, chaque musicien a une formule à jouer qu'il répète indéfiniment. La variation naît des décalages infimes dans les durées internes de chaque formule. La superposition de ces formules crée des variations infinies bien qu'on joue souvent sur un nombre limité de hauteurs. C'est un peu comme un kaléidoscope de notes.
Encore faut-il différencier les musiques répétitives africaines où la durée de chaque note naît de l'acte même de l'exécutant, des musiques répétitives américaines où la durée de chaque note est fixée par la compositeur et mesurée avec une régularité métronomique. Les musiciens africains ne mesurent pas les durées, ou du moins ne sectionnent pas arithmétiquement les durées en fractions proportionnelles au sens occidental. Par contre ils ont un sens « organique » de la durée qui donne à leurs musiques cette rigueur rythmique et leur permet d'enchevêtrer des rythmes complexes. Chaque son est pensé dans sa durée vécue par le musicien et ancré corporellement dans sa mémoire. Il peut donc être rejoué avec la même durée précise et mis en relation avec d'autres sons de durée aussi précise. Toute interaction d'un rythme, d'une cellule rythmique avec une autre est pensée et vécue comme une relation nécessaire musicalement d'un rythme en fonction d'un autre. *« Ces « musiciens » pensent d'abord organiquement par relation et proportion non par calcul ni succession. » (C. Laloum, Musique en jeu n° 13).*

Cette manière de mémoriser la durée et d'entrer en relation avec la durée de l'autre se trouve aussi dans le raga indien. Au début du raga, le premier musicien cherche à s'installer dans une sonorité, une fois établi dans un certain temps musical, un deuxième musicien entre en relation avec le premier, s'installe à son tour par rapport au son premier dans une certaine durée puis un troisième entre en relation avec les deux premiers. » Et « l'être modal » continue de même à s'étaler et progresser son après son, hauteur après durée, durée après hauteur, et jusqu'à la totalité enfin réalisée... » *« L'échelle d'un raga n'est donc pas (...) un ensemble de rapports quantitativement donnés une fois pour toutes, mais essentiellement une expérience où certaines qua-*

lités de relation (entre le bourdon premier et les autres degrés) sont à revivre chaque fois d'une manière différente. » (C. Laloum, Musique en jeu, n° 13).
Plus près de nous, La Monte Young, un pionnier de la musique minimale américaine, travaille sur le son lui-même et ses effets sur la perception musicale.
« Quelquefois, lorsque je faisais un son long, explique-t-il dans Lecture 1960, je commençais à remarquer que j'observais les danseurs et la salle d'après le son au lieu d'entendre le son d'après sa position dans la pièce. Je commençais à comprendre à quel point chaque son est son propre monde et que ce monde n'a un rapport avec le nôtre que dans la mesure où nous en faisons l'expérience par l'intermédiaire de notre propre corps c'est-à-dire à l'intérieur de nos propres limites. » (D. Caux, Musique en jeu, n° 26).
L'attention de l'auditeur doit ici se porter sur l'intérieur même du son, sur sa vie propre, sur les mouvements périodiques qui l'animent. Chacun sait que le son est fait d'un certain nombre de vibrations qui se répètent, ce qui constitue la période d'un son. *« La Monte Young montre qu'un mouvement périodique peut être clairement audible à l'intérieur d'un son unique formé de fréquences absolument stables. » (idem, D. Caux).*

Il y aurait bien d'autres exemples à donner de ces conceptions si différentes du temps musical.
En Occident, Debussy, Wagner, Stravinsky, Berg, Schoenberg puis Boulez, Stockhausen, Xenakis, pour ne citer qu'eux, ont, chacun à leur manière, fait évoluer la conception du temps musical. Petit à petit, les compositeurs se sont éloignés du discours harmonique classique basé sur une logique du déroulement préétablie pour transformer cette logique dans des mosaïques de sonorités (Debussy) ou changer le concept du temps musical comme Wagner, par exemple. L'abolition du temps musical classique est en route. Viendront Schoenberg, Berg, Webern et l'atonalisme. Un nouveau temps musical se cherche, plus fluide, plus lié à l'instant, à l'écoute du son dans sa sonorité même. Les relations entre les sons ne sont plus définies a priori pour tous les compositeurs, il n'y a plus d'ordre fixé à l'avance dans la perception, l'auditeur ne doit plus attendre le retour de la tonique.
Les nouveaux matériaux sonores engendrent une nouvelle conception du temps musical, d'autres relations temporelles à trouver entre les éléments mis en jeu. Des

tentatives sont faites ou à faire d'où naîtront d'autres lois musicales.
« *En art, comme le remarquait Schoenberg, la théorie découle de la pratique ; et c'est pourquoi la théorie musicale est toujours en retard sur les acquisitions nouvelles de la pensée musicale.* » *(G. Brelet, Le temps musical, p. 515).* La mélodie a bien précédé la gamme et c'est l'expérimentation qui a permis l'évolution de la pensée musicale occidentale.

Sonorité et temps musical

Quelle que soit la conception du temps, vécue ou théorisée, qui sous-tend l'œuvre musicale, celle-ci sera toujours une organisation temporelle de la *sonorité*. À travers la mise en forme d'une œuvre musicale, le compositeur cherche à donner une cohérence temporelle, une identité, à une forme sonore globale constituée d'une infinité de durées particulières. En jouant de concepts universaux tels que continu-discontinu, successif-simultané, il *tisse entre les durées* des *relations* telles que l'auditeur entre dans cette conscience du temps. Pour faire partager une réalité vivante, le compositeur devra puiser ces durées dont il joue dans son expérience intime. Le temps académique mesuré ne peut devenir musical que s'il a été vécu par le compositeur en sa conscience. La musique n'est pas une accumulation de durées mais une prise en charge par la compositeur du temps qui prend forme dans la sonorité de l'œuvre musicale.
Si le temps musical n'existe que dans son incarnation dans la sonorité, le rythme pour sa part, peut exister abstraitement, en dehors de la sonorité. Il est mesurable, quantifiable, mais ne devient réellement musical que s'il s'enveloppe de la sonorité, alors il peut rejoindre le temps musical. Une même suite de valeurs rythmiques, au sens occidental classique, habillée de hauteurs différentes, de timbres différents, d'accents différents peut donner des séquences musicales totalement différentes voire même n'être pas musicales du tout, si, habitant ce rythme, le matériau sonore utilisé ne convient pas, si ne vit pas le sens du temps musical.
Dans les musiques non occidentales le rythme se confond avec le temps musical dans la mesure où, loin d'être une abstraction formelle, il est vécu au moment même où la musique se fait. Dans l'apprentissage de la musique en Occident, le rythme est trop souvent présenté comme une abstraction formelle. Il ne peut

rejoindre le temps musical que s'il est empreint d'une *durée vivante, adaptée au matériau sonore utilisé.*
Le matériau sonore lui-même peut « décider » du temps qui lui est le plus approprié et donc « réclamer » un certain rythme. La composition ne consiste pas à appliquer des normes harmoniques ou mélodiques transmises par l'histoire, ni à adopter un style musical, mais bien à laisser la matière sonore décider de sa propre forme d'expression.
« Chaque œuvre exige une approche formelle différente et détermine une démarche qui dépasse parfois toute règle établie, toute définition possible. » (J. Y et D. Bosseur, Révolutions musicales, p. 96, à propos de Ligeti).
Pour un même matériau sonore, le compositeur peut laisser libre choix aux interprètes de l'agencement interne de la forme musicale. Par exemple, dans certaines pièces de Boulez ou Stockausen, « *toutes les caractéristiques du son sont déterminées, tout au plus peuvent-elles donner lieu à des transpositions de registres ou de tempo ; seule la forme reste soumise au choix de l'interprète.* » *(J. Y et D. Bosseur, révolutions musicales, p. 41)* ou encore dans certaines œuvres de C. Miereanu, Globokar, Pousseur, Stockausen, l'interprète est « *invité à faire-l'œuvre-avec-l'auteur* », cas limite où les indications ne sont plus des représentations symboliques des sons à jouer mais un discours poétique. (*Textkomposition, C. Miereanu*).
Si les compositeurs ont essayé depuis Debussy d'échapper au déterminisme temporel du discours classique, le temps n'en reste pas moins le problème majeur de la composition musicale. Quelles relations entre les sons, les timbres, les dynamiques, les silences, feront qu'une forme sonore deviendra musicale ? Aucun modèle préétabli ne peut faire qu'une structure sonore devienne musique. C'est l'expérience temporelle d'un individu ou d'un groupe d'individus à travers la sonorité, qui lui permet de penser le temps et donc de l'ordonner dans une forme musicale emprunte d'une durée vivante.

Dans une préoccupation pédagogique,
c'est bien ce « fragment de durée vivante » fait de sonorité et de dynamique que les enfants, rendus conscients du potentiel musical contenu dans tout geste sonore, peuvent faire accéder au musical.
En effet, si comme nous l'avons vu la musique est essentiellement conscience et mise en forme du temps à travers la sonorité, tout vécu temporel est en quelque

sorte *prémusical*, et, a fortiori, un geste sonore peut être considéré comme un geste prémusical. Mener de bout en bout un geste producteur de son pour en écouter le son dans son déroulement temporel, est déjà une attitude musicale et l'amorce d'une conscience de la sonorité dans le temps. L'enfant, qui par son geste, donne une forme précise à un son, maîtrise déjà le temps et commence à entrer dans le temps musical.
Le travail musical consiste à faire passer l'enfant d'un geste sonore spontané ayant une tension interne, liée à l'énergie qu'il lui aura insufflée, à un geste conscient qui utilisera cette tension première pour créer l'attente. En effet, écouter un son, c'est, à partir du moment où il est commencé, être dans l'attente de son déroulement jusqu'à sa fin, de même qu'écouter une musique, c'est jusqu'à l'achèvement du morceau, se maintenir dans l'attente du son suivant. Même l'attitude d'écoute centrée sur l'instant ne peut nier l'existence temporelle du son sans nier la musique, elle-même.
En résumé, l'enfant qui écoute son geste sonore de bout en bout, acquiert petit à petit une conscience musicale en pensant le son pour lui-même. L'enchaînement de gestes sonores, les jeux musicaux lui apprennent à jouer avec les tensions, les dynamiques uniquement par l'écoute des sons dans leur déroulement.
Ayant expérimenté diverses durées sonores, il pourra alors organiser le temps à sa manière, construire un déroulement temporel, *relier les sonorités* les unes aux autres en sachant intimement maîtriser les sons dont il se sert, c'est-à-dire leur donner une forme musicale. Cette forme ne sera pas plaquée, mais elle sera vivante puisqu'il aura pu ressentir en lui-même ce qu'est la sonorité.

Écouter le mouvement sonore par l'intermédiaire de son propre geste, c'est pour l'enfant écouter la sonorité dans son acte même.
Aprés l'expérience personnelle de la sonorité par l'intermédiaire de son propre geste (enfants d'âge maternel), l'enfant peut passer au stade de la « composition » (enfants d'âge de classes primaires), c'est-à-dire chercher à organiser temporellement les matériaux sonores dont il dispose.
L'organisation peut se faire de deux manières :
Ou bien, elle se fait « *en direct* » : par exemple, les enfants de la classe sont répartis en groupes, chacun utilisant une famille de matériaux sonores avec lesquels

joue un chef d'orchestre. Cet enfant-chef d'orchestre organise alors le temps suivant la conscience qu'il en a. Par son geste qui fait naître le son dans chaque groupe, il peut jouer avec les tensions et les détentes, les ruptures, les croissances et les décroissances, les silences. Par le geste qui décide de la fin du son, il détermine sa durée. Par le geste qui indique la dynamique, il détermine la forme du son dans le temps et dans l'espace.
Ce pouvoir que l'enfant-chef d'orchestre a sur les sons dans ces jeux, représente un réel apprentissage du temps musical.
Soit l'organisation se fait « *en différé* », c'est-à-dire par l'écriture d'une partition. Si celle-ci, permettant la spéculation intellectuelle, peut favoriser l'apparition de constructions auxquelles les enfants n'auraient pas pensé « en direct », elle risque, néanmoins, si elle vient trop tôt dans l'éveil musical, de gommer la conscience née de *l'écoute intime du temps* et de ne produire qu'un déroulement sonore dénué de tout sens réellement musical.

Or cette écoute se fait, chez l'enfant par l'intermédiaire du geste. Rares sont les musiques ou les sons que l'enfant écoute sans les accompagner d'un geste suivant le mouvement du son. C'est par son propre geste que l'enfant mesure le temps. C'est donc ce geste qui va le faire accéder au temps musical, dont il se détachera progressivement pour ne plus écouter que le son et par lequel il aura acquis l'expérience de la durée vivante qu'il pourra réactualiser dans une composition.

Cette approche permet d'entrer dans la musique par ce qui lui est le plus essentiel, donc le plus universel. Libre à l'enfant ensuite de choisir quel style de musique il préfère, quel genre de musique il a envie de jouer. S'il a acquis par son expérience, une conscience vivante du son dans son déroulement temporel, il a acquis l'essentiel du sens musical.

LA NOTATION

« La partition est un système graphique utilitaire qui s'efforce – mais sans y parvenir – de représenter une parole musicale primitive, une voix, une phonè, laquelle est présumée proche – d'une proximité irréductible à quelque approximation que ce soit – de la source de toute musicalité, et qui, à son tour véhicule et exprime cette source. » (D. Charles, Musique en jeu, n° 13, p. 4).

La notation musicale cherche à cerner le son qui naît du geste musical, à mettre en évidence certaines relations entre les sons organisés dans le temps, à faire apparaître le système dans lequel ils s'ordonnent. L'écriture musicale n'est pas nécessaire à l'existence de la musique, mais elle sert à décrire le phénomène musical.
Elle n'a pas toujours été ce qu'elle est actuellement mais s'est donnée différentes formes. Cette écriture musicale a une histoire qui lui est propre et représente, à chaque période, l'état musical du moment. Le *« corpus sonore à définir s'élargissant sans cesse »* (C. Miereanu) et les moyens pour décrire ce corpus se multipliant de leur côté, elle est en perpétuel devenir.
A la fois si proche et si éloignée de l'expérience musicale, c'est sous ces deux aspects qu'elle devrait apparaître aux enfants sur le chemin de la connaissance musicale.
La partition est une réduction graphique, une mise à plat, d'un phénomène qui se déroule à la fois dans le temps et dans l'espace.

Le son en mouvement varie dans le temps et dans l'espace. Comment va-t-on noter ces variations, faire apparaître les relations temporelles et spatiales entre les sons pour mettre en évidence leur organisation ? Va-t-on noter linéairement une succession de points (les notes) symbolisant leur répartition dans l'espace et dans le temps et installés sur une page d'une manière conventionnellement définie (c'est-à-dire de haut en bas pour les hauteurs, de gauche à droite pour les mouvements dans le temps) ?
Ou bien va-t-on noter des lignes, des traits, des points répartis en ordre dispersé, sans sens obligatoire de lecture mais suggérant néanmoins une forme musicale ? Que s'agit-il de noter ? Pourquoi noter ?

La notation défie le temps qui passe. Elle permet de reproduire, de rejouer, « d'éterniser » une situation musicale. Elle permet à un compositeur (au sens occidental du terme) de se faire entendre longtemps après sa mort, pourvu qu'on sache déchiffrer le code dont il s'est servi.

Pour une réalisation efficace de l'œuvre, le code de notation doit être pertinent afin que l'*idée musicale* qui *sous-tend cette œuvre* ne soit pas trahie à l'exécution ; il faut donc qu'il soit compréhensible pour l'interprète sans pour autant avoir besoin d'être universel. *« Si le compositeur ne désire pas disposer d'un système de notation universel, nous ne voyons pas pourquoi on l'y contraindrait ; le problème vis-à-vis des œuvres se posera seulement pour le musicologue. » Nattiez (Musique en jeu n° 13, p. 82).*

Parcours historique

Un bref aperçu sur l'histoire de la notation nous permettra de mieux saisir la relativité des symboles attachés à la description du phénomène musical. A Babylone, dès le XVIe siècle avant J.-C., on note par un alphabet, les sons instrumentaux ; par ailleurs, dans la musique suméro-babylonienne, la notation de la gamme heptatonique se fait sous forme de chiffres. En Grèce, en 250 avant J.-C., les lettres indiquent la hauteur des notes et des signes placés sur les lettres indiquent la durée.

A Byzance, les signes principaux indiquent surtout le mouvement de la voix. En Syrie, la transmission des chants se fait par oral. En Arménie, les manuscrits du IXe au XVIIe siècle montrent plus de 80 signes indiquant mélodie, durée, ponctuation musicale, ce qui n'empêche pas aussi la transmission orale. En Éthiopie, il y a une grande diversité de signes : points, traits horizontaux, lettres pour noter les sons.

Quant aux Coptes, par souci de ne pas « livrer aux étrangers le patrimoine sacré de la liturgie », ils préfèrent la tradition purement orale.

Après l'usage de la chironimie (simple indication gestuelle de la main précisant au chanteur le mouvement du son dans l'espace et dans le temps), le Moyen Age occidental voit fleurir l'éclosion des *neumes*, signes musicaux toujours liés aux textes liturgiques. Ces signes donnent des indications de mouvements et de pentes, les mouvements de hauteurs vocaux étant traduits par une représentation spatiale.

La traduction de la hauteur par une situation des neumes dans l'axe des hauteurs date du Xe, XIe, et XIIe siècles. Puis apparaissent les clés et les lignes et ensuite, avec Guy d'Arezzo, la fixation du nom des notes. La durée n'est pas encore réellement codifiée. Au XIIIe siècle apparaît la *notation mesurée.* Les signes symbolisent alors des durées de valeurs proportionnelles les unes par rapport aux autres : par exemple, le carré indique une brève ■, le carré avec hampe descendante à droite indique une longue ■ ; une longue vaut deux brèves. Au XIVe siècle, les signes renseignent sur la hauteur, le silence, les structures et on emploie encore les couleurs rouge, bleue, noire et blanche. Bientôt, on n'utilisera plus que les couleurs noire et blanche.
Avec l'apparition de l'imprimerie, le principe de notation devient exclusivement binaire, ceci pour une raison simplement technique d'imprimerie pour limiter le nombre de caractères à employer !
Parallèlement à cette codification, la tablature (avec lettres et barres de mesures) sert à représenter les sons musicaux propres à certains instruments. Les barres de mesures s'installent aussi dans les partitions. On pense qu'à l'origine, c'était pour aider à noter les pas dans les danses polyphoniques.
Petit à petit, les éléments de notation sont fixés et on arrive à l'écriture qui nous est familière.
La figure de la note, dans la notation classique, indique sa durée, sa place sur la portée indique sa hauteur. D'autres signes indiquent les tonalités, les modes, les altérations. Des mots tels que piano, crescendo, indiquent les nuances. Cette notation est « mesurée proportionnelle » et, au niveau des durées, entièrement basée sur des rapports arithmétiques.

Mais, *« dans la musique du XXe siècle, le corpus sonore défini s'étant élargi sans cesse, de nouveaux paramètres du son se sont révélés (couleur, modes d'attaques, espace, densité de la distribution, etc.) (...), tout ceci aboutissant à une telle complexité du fait sonore dans sa totalité qu'on s'est trouvé dans l'impossibilité de continuer à l'entasser dans un enclos devenu par trop étriqué. D'où la nécessité d'inventer de nouveaux symboles adéquats. » (C. Miereanu. Musique en jeu n° 13, p. 52.)*
En effet, l'entrée en piste de nouveaux sons, de nouveaux appareillages, un éclatement du langage musical traditionnel amènent à réviser le système de notation.

Comment noter avec les signes existants les timbres, les rythmes nouveaux sans compter les « bruits » c'est-à-dire des sons complexes inutilisés jusqu'alors ?

Notation et conception de la musique

Le système d'écriture musicale en vigueur jusqu'ici donnait à percevoir un certain type de musique. Il a réduit graphiquement les sons à certains de leurs paramètres, mais, en même temps, il a permis, de par son abstraction, des inventions de structures de plus en plus complexes. Le sérialisme, en faisant éclater ce système, dominé par la hiérarchie des notes, a donné une vigueur nouvelle à l'écriture musicale. Ce bouleversement de l'écriture allait entraîner un bouleversement dans les conceptions formelles de la musique, suscitant le recours à d'autres matériaux sonores. Ces autres matériaux réclamaient un autre système de notation.

Actuellement, la notation connaît une multiplicité de formes. Le compositeur redéfinit son rôle. S'il veut ne rien laisser aux hasards de l'interprétation, alors il écrit de plus en plus précisément ce qu'il veut obtenir, avec les moyens traditionnels dont il dispose (Stravinsky, Schoenberg).

Au contraire, si le compositeur laisse une part importante de création à l'interprète, alors il lui donne des lignes d'actions. Ainsi sont nées les partitions graphiques (Cage, Earle Brown, Miereanu,...). Il n'y a plus de signes conventionnels mais des lignes, des courbes, des virgules, des taches qui suggèrent à l'interprète une action d'où naîtra une forme musicale. *« Ce développement (l'écriture d'action) tend vers une* écriture de projet *qui transmet à l'interprète au lieu d'une* prescription *(...), une* représentation *(...) de la musique. On utilisera des signes qui ne décrivent pas le phénomène sonore lui-même mais la* direction *que peut prendre l'exécutant. » (K. Stockhausen Musique en jeu n° 13 p. 96.)*

Ces partitions ne fixent plus de manière précise et proportionnelle les hauteurs et les durées. Elles sont constituées soit de signes symboliques dont l'auteur définit le mode d'emploi, soit de traces qui suggèrent à l'interprète un climat, une forme, certaines relations entre les éléments du fait de leur disposition sur le papier, la manière dont le trait est plus ou moins épais, la direction qu'il prend. Le temps n'est plus obligatoirement décrit linéairement de gauche à droite. C'est à l'interprète de recréer de retranscrire musicalement ce que lui suggère le graphisme voulu par le compositeur, et d'un

graphisme donné à lire dans l'instant, tirer une forme musicale qui se déroule dans le temps.
Les lignes d'action peuvent être aussi données par des mots (Bosseur, Ferrari, Miereanu...) il n'y a plus du tout de signes symboliques. Seul le langage suggère l'action musicale. Mais la plupart des partitions contemporaines se servent des signes de base de la notation traditionnelle, enrichie, aménagée, complétée pour noter les nouveaux paramètres mis en œuvre.
L'ordinateur et la composition par ordinateur ont, eux aussi, leur mode de prescription. Une partition peut prendre la forme d'un codage chiffré, « programme » qui entre dans la machine et après de multiples calculs, ressort sous l'apparence d'une musique. Ou encore, avec l'UPIC, ou « machine à composer » de Xenakis, la partition peut naître d'une impulsion gestuelle, retrouvant là le geste musical premier, les dessins de la fréquence des sons (hauteur) et de l'enveloppe (dynamique) étant alors convertis en chiffres puis en sons et en musiques. *« Les pouvoirs combinés de l'informatique graphique et sonore, associés aux capacités combinatoires de l'ordinateur, promettent de riches possibilités pour spécifier ou commander par le graphisme ou par le geste, certains aspects du son et de la composition. » (Risset Musique en jeu n° 13, p. 93.)*

Avec la musique électro-acoustique, on a affaire à une autre catégorie de partitions, ce sont les *partitions d'écoute* ou *de diffusion.* De par leur fabrication (cf. : le magnétophone), les musiques électro-acoustiques se passent de partitions prescriptives. Par contre, il existe des partitions d'écoute, réalisées après la fabrication même de la musique.
La partition permet de fixer une idée musicale, de l'explorer, de la transmettre et de la faire évoluer. L'*écriture musicale*, du fait de son support visuel, est *autonome* par rapport au *phénomène sonore.* Cette autonomie même peut provoquer des inventions de structures musicales qui seront ensuite exploitées. *« Sans écriture, il ne peut y avoir de musique hautement organisée. » (Adorno cité par D. Charles p. 7 Musique en jeu n° 13.)*
C'est donc aussi bien le système d'écriture, donc le signe visuel qui fait évoluer la musique que l'apport de matériaux sonores et de possibilités techniques nouvelles.
L'écriture musicale est devenue signe d'une musique

savante, définie par des compositeurs et exécutée par des interprètes. Les partitions de forme ouverte d'abord puis les partitions graphiques, les partitions d'actions et les partitions d'écoute ont tenté d'ouvrir une brèche dans les relations entre compositeurs et interprètes. *« Le nouveau type de composition de forme ouverte se proposait de déléguer une part de responsabilité créatrice à l'interprète. A différents moments de la pièce musicale, il avait pour tâche de jouer « librement ». Tout en présentant une complémentarité par le contraste entre l'écrit et le non-écrit, ce libre jeu était une confrontation entre la perfection de l'exécution d'un objet fini et l'acceptation de l'effet de hasard dans le processus de création. » (Dalmasso, Musique en jeu n° 26, p. 14.)*

Les partitions graphiques et les partitions d'actions transforment le rôle de l'interprète et en même temps proposent une autre conception du rapport du compositeur avec la forme musicale qu'il met en œuvre. Le compositeur donne des intentions, suggère visuellement des impulsions, laisse entrevoir des formes possibles. L'interprète par son geste musical, recrée, d'après ces textes une œuvre musicale qui sera peut-être celle imaginée par le compositeur mais peut-être aussi une toute autre œuvre. La partition aura, de toute façon, fait surgir un *fait musical.*

Cette diversité des notations reflète une évolution, peut-être même une mutation dans la conception musicale, comparable à celle qui s'est produite entre la pensée musicale transcrite à travers les neumes et celle de la notation mesurée proportionnelle. Peut-être arrivera-t-on de nouveau à un système d'écriture commun à tous les compositeurs et ayant englobé les éléments sonores nouveaux mis en œuvre. *« On pourrait imaginer des « partitions » dans lesquelles – et pourquoi pas à l'aide d'une convention qui finirait par s'établir – le sens musical sera inscrit de manière si immédiate que le projet exclura tout doute quant aux modalités possibles de réalisation. » (Stockhausen, Musique en jeu, n° 13, p. 97.)*

Incidence pédagogique

La pédagogie musicale d'éveil se doit de tenir compte de cette mutation. La notation, historiquement, est venue *après* le fait musical, du moins dans notre civilisation – n'oublions pas celles où la musique se passe de notation –. Il nous semble donc important, pour que les enfants acquièrent une réelle sensibilité musicale, de les faire entrer directement dans la musique, sans l'intermédiaire préalable de l'écriture. C'est l'analyse avec les enfants des jeux musicaux qu'on leur propose qui permettra de préciser petit à petit les notions musicales en cause et qui, sans doute, nécessitera alors le recours à l'écriture. Mais l'écriture ne doit venir qu'*après* l'expérience « organique », pour reprendre le terme de C. Laloum, du temps et de la forme musicale.

La notation, après l'expérience des jeux musicaux, va permettre de repérer les composantes du son, d'imaginer les structures possibles, de jouer abstraitement sur le papier, avec ces éléments et alors d'entendre ce qui a été écrit.

La notation prend alors un sens pédagogique dans la mesure où elle aide l'enfant à formuler des impressions et à faire des choix musicaux. Elle peut conduire enfin à l'expérience de la *composition.*

Quant au choix du mode de notation, il est à faire avec les enfants eux-mêmes suivant les besoins qu'ils éprouveront de noter tel ou tel élément, de faire apparaître telle structure.

Le code peut être lié au geste et représenter une manière de réaliser les sons, il peut symboliser certains mouvements, faire apparaître le temps, les hauteurs, les densités, les intensités, etc.

Les enfants pourront avoir besoin de se servir des signes de la notation traditionnelle, alors ce sera le moment d'aborder la notation classique. La notation ne doit être que le *résultat* d'une *nécessité musicale* et *pédagogique* et non le point de départ de l'éveil musical.

Dé-composer

Si pour le compositeur, le but est de donner une forme, d'incarner son idée dans les sons, pour celui qui écoute la démarche est, à l'inverse, de *découvrir la construction sous la forme.* Certes l'auditeur en général n'explicite pas cette conduite et son désarroi devant une musique dont il ne connaît pas les codes, est sans doute dû à cette absence de points de repères.
L'écoute de la musique est conditionnée par des réflexes culturels. Aussi bien dans le temps que dans l'espace, notre champ perceptif est déterminé par un apprentissage d'écoute qui nous a habitué à attendre le retour de certaines notes, dans un certain temps et dans un certain ordre : par exemple, en Occident notre oreille va de l'écoute de la tonique à celui de la dominante avec retour à la tonique et perçoit le temps, le plus souvent, divisé en parties égales ponctuées sur le début de chaque partie (mesure). Dans d'autres civilisations, les *conduites d'écoute* porteraient l'auditeur vers l'attente d'autres notes, d'autres timbres, d'autres durées.
Par ailleurs, on est tenté de n'apprécier que ce que l'on peut nommer, décrire ; si le langage vient à manquer pour analyser une musique, on a tendance à la rejeter dans le domaine de la « non-musique ». Or le musicien qui l'a inventée, l'a conçue suivant un système relationnel précis, même s'il est difficile à découvrir immédiatement. Ne sachant quoi écouter, n'ayant pas de points de repères, il faut alors aller à la découverte, tenter l'aventure de se laisser porter par le flux sonore pour en dégager l'essentiel.
Or, que ce soit avec des enfants ou avec des adultes, il semble que ce qui est le plus immédiatement perçu dans la musique, est le *mouvement,* les schèmes dynamiques, les tensions. En faisant écouter diverses musiques aussi bien classiques que contemporaines ou extra-européennes à des enfants de 5-10 ans nous avons remarqué qu'involontairement, par des *gestes spontanés,* ils *ponctuaient, mimaient les évolutions dynamiques* des musiques écoutées et aussi souvent reprenaient avec la *voix,* ces évolutions. C'est sans doute, leur manière d'analyser, de décrire ce qu'ils ressentent, de comprendre la musique dans les tensions qui la font évoluer. C'est en tout cas, un besoin physiologique révélateur de ce que peut transmettre et de ce que peut ébranler la musique en nous.

Nous avons pu remarquer que les éléments auxquels ils sont le plus sensibles sont, au moins pour ce que nous

avons observé : le continu-discontinu, les ruptures, les contrastes, la répétitivité, le schéma question-réponse, les mouvements vocaux et les changements de timbres avec la voix. (Cette liste n'est sûrement pas exhaustive et reste à compléter...)
Des expériences faites auprès d'adultes sur leur perception, montrent que pour la musique classique, *« le geste sonore et l'ordre des fonctions tonales sont deux aspects temporels fondamentaux de la ponctuation musicale » (R. Francès, La perception de la musique, p. 189)*. Quant à la musique contemporaine où les fonctions tonales habituelles ne remplissent plus le rôle de guide qu'elles avaient auparavant, elle est perçue à travers *« une ponctuation par le geste et le symbole » (R. Francès, p. 187)*.
Compte tenu de ces observations selon lesquelles la perception des schèmes dynamiques est prépondérante, nous avons pensé opportun, avec les enfants de nous servir de cette écoute spontanée pour à la fois *dé-composer* avec eux les musiques et *inventer* à partir de là d'autres musiques.
Avec ce souci de relier les musiques proposées à un comportement de l'enfant, voici quelques exemples parmi une infinité de possibles. Il est bien évident que la durée d'écoute doit être adaptée à l'âge de l'enfant et surtout à sa disponibilité et à celle du groupe : quelquefois deux ou trois minutes suffiront alors qu'à d'autres moments, l'écoute pourra durer plus longtemps, ou pour ce travail de dé-composition, être reprise (cette écoute suivie de jeux n'exclut pas, bien entendu, d'autres moments d'écoute simple où la musique pourra être accueillie plus comme agrément que comme apprentissage ; là encore, il faut sentir le moment favorable à cette manière d'écoute.)

On écoute donc la musique, chacun dans la position qui lui convient le mieux. Et pendant cette attention, chacun réagit comme il veut, que ce soit par l'immobilité ou par le geste ou par un accompagnement vocal. (Il n'est pas question de dicter l'attitude à avoir pendant cette écoute.)
Puis on décrit ce qu'on vient d'entendre soit par des gestes soit par des mots soit encore par geste vocal. L'essentiel est de repérer les éléments constitutifs de la musique : *schèmes dynamiques, tensions, timbres, forme générale.*
A partir de ces observations, on invente un dispositif

reprenant l'*idée musicale qui a été dégagée* et on fait une improvisation à partir de ce dispositif. Il ne s'agit pas de reproduire ou d'imiter la musique qu'on vient d'écouter (ce qui de doute façon serait impossible) mais, à partir d'une structure découverte, d'*inventer une autre musique* qui, compte tenu des matériaux utilisés, aura son caractère propre. L'improvisation peut donner lieu à une composition : on dégage de l'improvisation les éléments les plus intéressants (sonorités, organisation temporelle) et alors on fixe, dans une composition, ces trouvailles.
Voici quelques exemples de musique que nous avons dé-composées avec les enfants (Il s'est du reste souvent trouvé que nous proposions juste une écoute, et que ce sont les réactions vocales ou gestuelles l'accompagnant spontanément, qui nous ont incité à la prolonger par un jeu-improvisation sur la structure dégagée).

Quatuor à cordes n° 13 en si b Majeur, op. 130 de Beethoven
Le Voyage de Pierre Henry (4e mouvement)

Dans ces deux musiques, se dégagent très nettement à l'écoute des *apparitions-disparitions*. Les enfants perçoivent tout de suite ce schème dynamique, le miment avec leurs gestes, savent l'expliquer. C'est une forme qu'ils connaissent bien, ne serait-ce que par l'écoute du passage des voitures ou des avions.
A partir de cette découverte, on invente un dispositif qui reprend cette idée musicale tout en amenant à se poser des questions : sur quels paramètres le compositeur a joué pour obtenir cet effet ; est-ce sur l'effet crescendo-decrescendo, est-ce sur la position du son dans l'espace (rôle des hauteurs pour le quatuor de Beethoven, rôle de l'enregistrement pour le Voyage qui est réalisé avec des sons manipulés à l'enregistrement) ?
Quelques exemples de dispositifs :
– à tour de rôle, chacun fait un son crescendo-decrescendo, régulièrement sans changer les hauteurs ;

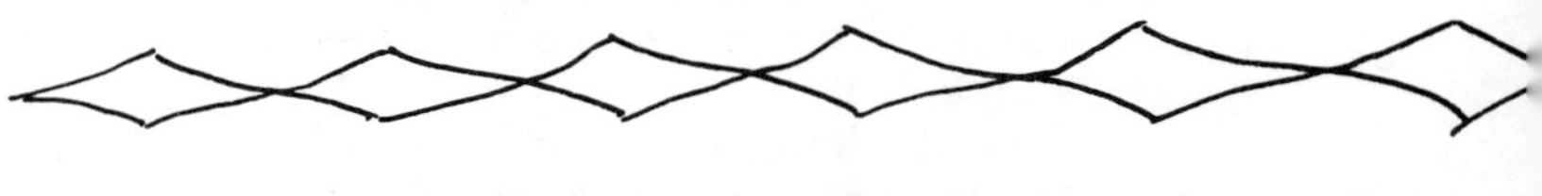

puis irrégulièrement, de manière à rythmer les événements, par exemple ;

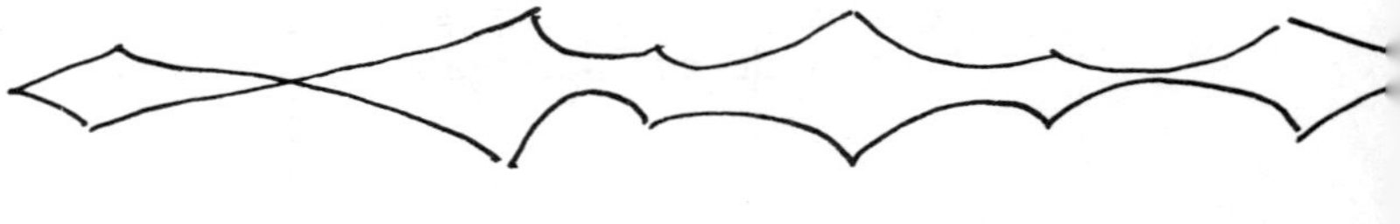

– en divisant la classe en plusieurs groupes, on peut faire des vagues successives (avec ou sans chef d'orchestre)
– on peut aussi faire se chevaucher les vagues ;

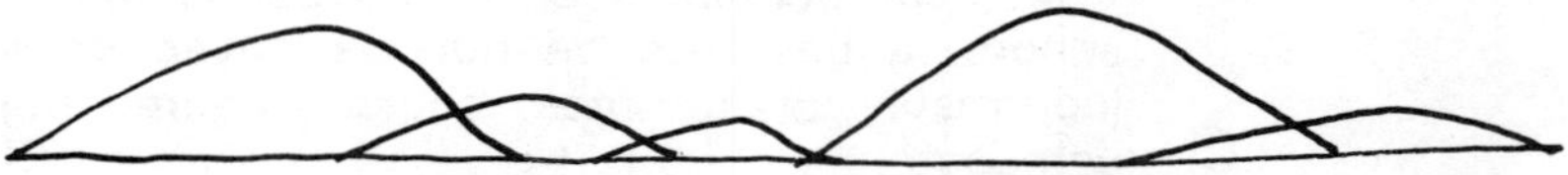

– on peut faire des vagues de plus en plus grandes et de plus en plus petites en intensité, en durée, en densité ;
– on peut aussi travailler sur le genre de sons à employer : sons continus ou sons discontinus, épais ou minces, rugueux ou lisses, etc...
sur l'instrumentation : voix ou instrument, ou mélange des deux ;
– on peut aussi faire se déplacer le son dans l'espace, un ou plusieurs enfants se déplaçant en même temps qu'ils jouent le son ;
– avec les enfants plus petits, on peut mimer le déplacement du son : un enfant part du fond de la classe et vient vers le devant puis repart, pendant ce temps, les autres jouent un son de plus en plus fort puis de plus en plus doucement à mesure que l'autre enfant avance puis repart. Celui-ci peut faire le trajet plus ou moins vite de manière à entendre un crescendo plus ou moins rapide, etc...

Quintette de Schumann (3e mouvement) en mi b Majeur

Dans ce mouvement, il y a une suite de *courses* rapides avec *arrêt bref* sur un accord et des enchaînements incessants de gammes *montantes* et *descendantes*.
Or la course qui s'arrête nette fait partie des jeux de l'enfant et des schèmes dynamiques qu'il perçoit volontiers.
On peut :
– à tour de rôle trouver des dynamiques muettes avec les pieds, les mains, en faisant bien attention au temps d'arrêt (par exemple on laisse la main en l'air pour bien marquer le temps de suspension) ;

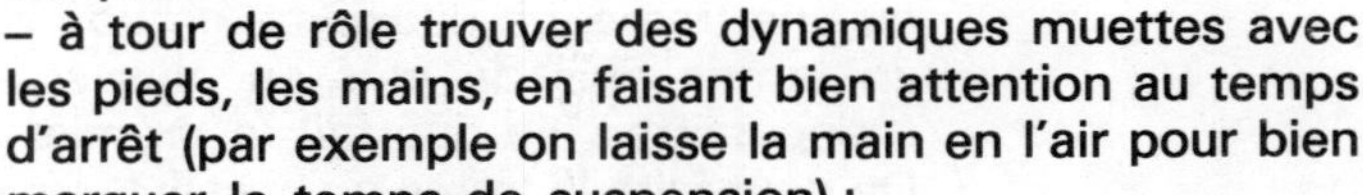

– on peut jouer sur les rapidités, l'important étant toujours de garder le temps de suspension silencieuse ;

– on peut retrouver le même schéma avec la voix ou les instruments en travaillant sur les vitesses, les hauteurs, les intensités ;
– on peut demander à un groupe de faire la course sonore, à un autre de ponctuer avec un autre son (contraste de densité : course légère, ponctuation compacte)
– etc.

La roue Ferris de B. Parmégiani
Dans cette musique, on entend comme une *ritournelle* : « le petit moulin », comme l'ont nommé des enfants de maternelle, sur laquelle viennent se greffer des *éléments ponctuels*, surprenants. Ces éléments finissent par prendre toute la place et « manger » le petit moulin.
Les enfants aiment la répétitivité et donc perçoivent tout à fait bien ce schéma. Les éléments ponctuels, par ailleurs, permettent d'en sortir petit à petit. (Cette musique est un peu trop longue pour des enfants très jeunes auxquels deux ou trois minutes suffiront pour percevoir le « petit moulin répétitif » et les interventions ; des enfants plus âgés pourront écouter l'ensemble de l'œuvre et comprendre sa construction générale).
Une fois dégagés les éléments principaux de cette musique, on peut jouer avec à notre manière :
– soit trouver une cellule répétitive avec la voix ou les instruments avec trois ou quatre enfants, cellule qui sera un fond immuable ; et, sur cette ritournelle, demander aux autres enfants d'intervenir de temps en temps (ce travail sera alors l'occasion de choisir quels sons iront le mieux avec ceux de la cellule répétitive) ;
– soit trouver une « trame » plus dense pour constituer un tissu sonore homogène comme une toile de fond (ceci avec un premier groupe d'enfants) et demander aux autres d'intervenir de temps en temps ;
– soit un premier groupe constitue une cellule répétitive ou une trame, un deuxième groupe intervient de temps en temps puis de plus en plus souvent jusqu'à faire « disparaître » ce que fait le premier groupe.
On peut faire la trame ou la cellule répétitive avec la voix ou avec les instruments et les interventions soit avec le même type de sons que le fond soit en opposition avec lui.
Si on dispose d'un magnétophone, on peut faire une trame enregistrée et intervenir en direct dessus (cette trame enregistrée peut être passée à la vitesse d'enregistrement ou à une vitesse différente ce qui peut donner

un caractère nouveau à l'improvisation et amener à choisir d'autres types de sons en fonction du nouveau caractère de la trame une fois ralentie ou accélérée.), etc.

Korwar de F. B. Mâche
Dans cette musique électro-acoustique, les enfants repèrent tout de suite le *dialogue* entre 2 éléments : des sons de clavecin et des sons de baleines et de crevettes et les ruptures dues à des accords imprévus de clavecin. La fin de cette musique est une accumulation de sons de clavecin itératifs (ou discontinus), forme tout à fait limpide pour les enfants à l'écoute et facile à utiliser comme dispositif de jeu, (accumulation de sons discontinus).
On peut donc inventer des jeux de dialogues entre deux types de sons, soit épais et mince, ou discontinu – léger et ponctuel – gros, etc.
– des jeux de *ruptures*, un groupe venant couper la parole du premier
– des jeux d'*accumulation* avec des sons ponctuels , des cellules rythmiques, etc.

Stripsody de Cathy Berberian
Cette musique faite à partir d'onomatopées de bandes dessinées est du mouvement vocal à l'état pur :
On peut tout de suite jouer avec les onomatopées, mais bien sûr, le résultat musical tiendra à la façon dont les *dynamiques* seront organisées dans le *temps* et dans l'*espace*. On s'apercevra vite que ce jeu, si simple en apparence est déjà un travail compositionnel nécessitant une attention aux hauteurs, volumes, intensités, grains, rapidités, respirations, points d'appui dynamiques, etc.

L'oiseau-chanteur de F. Bayle
Cette séquence de musique électro-acoustique est réalisée avec des sons de cor, de hautbois, de clavecin et des éléments électro-acoustiques. A la perception, on entend de *longs sons tenus* simples que viennent couper des *arabesques rapides et éphémères* complexes. De temps en temps on entend comme un rire. (Cette musique a le pouvoir de déclencher le rire des enfants, sans doute à cause de la soudaineté des arabesques mais peut-être aussi parce que celles-ci sont très proches de la voix humaine bien qu'instrumentales.)
Ici ce sont surtout les déplacements des sons parcourant très vite et en tout sens les hauteurs, que les enfants retiennent et imitent spontanément avec la voix.

On peut travailler sur les vocalises avec la voix, le contraste continu-discontinu, le jeu des questions-réponses avec les notions continu-discontinu, simple-complexe, etc.
(C'est une musique dont les enfants raffolent !...)

Musique Centrafricaine : Chants d'enfants
Cette musique chantée par des enfants est basée sur un jeu de *question-réponse* entre un groupe et un soliste. Les enfants repèrent très facilement ce dispositif et aussitôt jouent à ce jeu avec des sons qu'ils inventent. Ce jeu est prétexte à approcher timbres et dynamiques vocales liées à un changement de position de la langue dans la bouche et à son ouverture, et aussi à faire remarquer les densités.

Stimmung de Stockhausen
Cette œuvre uniquement vocale est une suite de variations sur les timbres et harmoniques d'une seule note. Quatre chanteurs (deux hommes et deux femmes) déroulent une ligne presque continue de ces variations. Avec les enfants, on peut jouer sur les *changements de timbres* à travers un son *continu*. Du reste, d'eux-mêmes en général ils suivent ces variations en chantant en même temps qu'ils écoutent. (Pour eux le fait même de changer la position des lèvres et d'agrandir ou rétrécir la bouche est déjà un jeu en soi).
On peut varier les timbres par simple déformation de la bouche, ou partir d'une voyelle, par exemple a et enchaîner sur e, i, o, u, ou enchaîner consonnes et voyelles.
On peut répartir les enfants en plusieurs groupes, chacun ayant la responsabilité d'un timbre (par exemple, chacun ayant une voyelle). Les groupes peuvent jouer ensemble ou alternativement, ce qui créera un rythme dans le déroulement général ; l'essentiel est de préserver la notion de « continu » et qu'on entende comme un ruban qui s'élargit ou se rétréçit. Il faudra veiller aussi au tempo général, soit décider d'une vitesse relativement lente pour tous les groupes de manière à obtenir une musique plutôt calme, soit au contraire répartir les groupes en différentes vitesses ce qui donnera un parcours rythmiquement plus accidenté.
Ou encore, les enfants ayant tous le même son avec une hauteur de note précise chantent en accumulation puis en désaccumulation de manière à créer une forme globale continue qui enfle et désenfle.

Ou encore, chaque groupe a une hauteur de note précise, mais différente pour chaque groupe. Là encore le son doit rester continu. Tout le monde commence en même temps, puis, petit à petit, chaque groupe s'arrête et reprend quand il veut, changeant de timbre et d'intensité quand il en a envie mais toujours sans changer de note. (Cet exercice est très difficile et ne peut être fait qu'avec des enfants déjà expérimentés).

Les quatre saisons de Vivaldi (Le printemps, Largo)
A l'écoute on entend, une *trame régulière*, une *cellule rythmique* de deux notes qui revient régulièrement ponctuer le développement mélodique lui-même constitué de sons tenus.
Ici, le travail est surtout sur les *rapports d'intensité* entre la trame douce, la cellule rythmique forte, et la mélodie de sons tenus moyennement forte et sur les *rapports de densité* :
la trame est *douce et dense*
la cellule rythmique est *rare et forte*
la mélodie est *continue*

Miroirs de Ravel : « Oiseaux tristes »
On entend comme une trame complexe et compacte qui varie dans les hauteurs, et, de temps en temps, sur cette trame continue, des arabesques rapides, créant, à la perception, un *contraste* entre l'*immobilité* du fond et les *convulsions* qui viennent perturber cette immobilité.
On peut donc comme dispositif, constituer une trame, tissu sonore dense, avec un groupe d'enfants, tandis qu'un autre groupe est chargé des « perturbations » ponctuelles. (Cf., p. 53 jeux : trame + paquets, et trame + mots de temps en temps.)

Miroirs de Ravel : « Une barque sur l'océan »
Cette séquence est constituée d'une part d'un *tissu dense* d'où émerge de temps en temps des *notes ponctuelles* comme des bulles à la surface de l'eau.
Une autre partie du même morceau donne l'impression d'un va-et-vient de vagues houleuses, *masse sonore compacte* qui parcourt le champ des hauteurs du grave à l'aigu puis de l'aigu au grave, l'*épaisseur* même de la matière sonore restant à peu près identique tout au long du trajet. Pendant ce temps, comme à la crête des vagues frissonne l'écume, un son trémolo accompagne ce flux et ce reflux.
1er dispositif : Constituer avec l'ensemble des enfants,

un tissu sonore d'où chacun fait surgir un son ponctuel de temps en temps avant de se fondre de nouveau dans la masse (cf., p. 25, jeu « contrastes liés aux timbres », 1re partie)
2e dispositif : un groupe d'enfants choisit une matière sonore compacte et plutôt lisse, et imite des vagues en passant du grave à l'aigu et de l'aigu au grave. Un autre groupe est chargé pendant le flux, c'est-à-dire la montée grave aigu, de jouer un son « crénelé » comme un trémolo rapide et s'arrête au moment où l'autre groupe descend de l'aigu au grave.

Ionisation de Varèse
Dans cette musique, on entend comme une pulsation de base, constituée de cellules rythmiques identiques et répétées par des instruments de timbres différents et à des hauteurs différentes. Sur cette pulsation, se greffent des événements plus ou moins complexes : sons continus de sirène, percussions diverses et plus ou moins résonnantes, etc.
Là encore, un schéma de construction se dégage facilement à l'écoute. On peut alors travailler :
– sur la constitution de cellules rythmiques et l'effet perçu suivant l'instrumentation (cf. « jeu de fondu-enchaîné de timbres » dans les Dispositifs d'improvisation, page 54)
– sur l'organisation et la « couleur » des événements ponctuels : sons secs ou résonnants, densité interne, répartition dans le temps par rapport à la base rythmique, contrastes entre des événements compacts (cf. « jeu des paquets », dans les Dispositifs d'improvisation, page 52) ou plus aérés, répartition dans l'espace : hauteur des sons à l'intérieur de chaque événement, etc.

Musique du Burundi : Chant de femmes
Dans cette musique, on entend deux voix de femmes qui chantent des sons brefs, créant un tissu rythmique qui n'arrête pas de changer. En fait, chacune a, à sa disposition, une *cellule rythmique invariable* dans les hauteurs et dans l'ordonnancement des durées de chaque son. Mais, à l'intérieur de chaque cellule, elle peut supprimer un élément, « passer son tour » en quelque sorte, tout en gardant égale la durée totale de la cellule (laquelle est différente pour chacune). A l'écoute, étant donné que les cellules ne sont pas de durées égales et que certains éléments peuvent être supprimés, il se crée sans arrêt des rythmes imprévisibles.

(Pour l'invention d'une musique, cf. « jeu de boucles » (p. 60) dans le chapitre « Dispositifs plus complexes »).
Il est bien évident que les décompositions proposées ne sont que des exemples, liés à la façon dont les enfants ont analysé les musiques écoutées. A partir des mêmes musiques, d'autres dispositifs peuvent être inventés suivant l'attention portée à tel ou tel élément.
Par ailleurs, il y a une infinité d'autres musiques à écouter et à utiliser. Encore une fois, ce ne sont que des *suggestions* pour une approche, l'essentiel étant la *démarche* elle-même dans cet abord de l'invention musicale.

– En ce qui nous concerne, nous avons tenté de mettre l'accent sur les *structures immédiatement perceptibles* par les enfants, au détriment peut-être d'une autre analyse, par exemple celle des hauteurs pour la musique classique ou de la source instrumentale. C'est que notre expérience nous a montré que ce sont principalement les *schèmes dynamiques*, c'est-à-dire les *formes sonores en mouvement et organisées* d'une part, les *variations de gestes vocaux* d'autre part que les enfants perçoivent le mieux.
Partir de cette appréhension permet non seulement d'aborder par la suite tous les paramètres musicaux mais aussi d'entrer de plain-pied dans la *musique* qui est bien une *organisation temporelle et spatiale des sons en mouvement.*
Un *dispositif* est déjà une *idée musicale* en germe puisqu'il ordonne des groupes de sons (représentés par les groupes d'enfants), régis par ses lois internes, assurant ainsi une cohérence formelle à ce qui va être joué. Mais il n'est pas garant du résultat musical, il n'est qu'une *structure* attendant d'être remplie de *sonorités.* La musicalité ne pourra naître que du choix de ces *sonorités* en accord avec *la forme mise en jeu*, c'est-à-dire du *sens du temps musical.*

Lexique

Bruit
Terme utilisé conventionnellement pour désigner les sons qui n'ont pas de hauteur définie.
On a tendance à croire que les bruits sont inorganisés. Leur écoute attentive révèle en fait qu'ils ont une logique et peuvent être utilisés musicalement. On parlera donc plutôt de *sons* pour supprimer la distinction normative entre « sons musicaux » et bruit.

Cellule rythmique
Court motif au rythme caractéristique et susceptible d'être répété sur lui-même.

Impulsions
Sons très brefs (par exemple choc ou son de clave percutée)

Itératif
Se dit d'un son qui, par opposition à un son continu, se maintient dans la durée par répétitions de petites impulsions discontinues.

Geste effecteur ou émetteur
Geste par lequel le son existe, lui donnant une forme.

Musicalité latente
Est ce qui, bien qu'extra-musical, peut, dans l'organisation temporelle et spatiale d'événements, évoquer la musique.
Un geste, même muet, peut suggérer une sensation sonore en mouvement dans le temps. Un agencement de rythmes visuels peut être porteur, dans la mesure où il structure le temps et l'espace, d'une idée musicale. (Par exemple, la forme que prend un vol d'oiseaux dans le ciel suggère un déroulement musical.)

Musiques aléatoires
Terme appliqué à un certain nombre de démarches musicales contemporaines très différentes en fait, ayant en commun de faire intervenir certaines formes de hasard. En principe, les œuvres de musique aléatoire ne sont jamais identiques à chaque exécution, le compositeur prévoyant un nombre plus ou moins grand de possibilités.

Trame
se dit d'un son prolongé, perçu comme continu bien que son détail soit plein de petites variations et généralement composé d'une superposition de différentes couches sonores.

Bibliographie

ANDRÉANI (E)
Anti-traité d'harmonie, 1979,
Collection 10-18, Série Esthétique.

BLACKING (J)
Le sens musical, 1980,
Collection « Le sens commun », éd. de Minuit.

BOSSEUR (J.-Y. et D)
Révolutions musicales, 1979,
Éd. Le Sycomore.

BOULEZ (P)
Penser la musique aujourd'hui, 1963,
Bibliothèque Médiations, éd. Denoël-Gonthier.

BRELET (G)
Le temps musical, 1949,
2 vol., Presses Universitaires de France.

CAGE (J)
Silence, 1961,
Collection Les Lettres Nouvelles, éd. Denoël.

CHATEAU (J)
Le réel et l'imaginaire dans le jeu de l'enfant, 1975,
Études de psychologie et de philosophie, Librairie philosophique J. Vrin.

CHION (M)
Pierre Henry, 1980,
Musiciens d'aujourd'hui, éd. Fayard-Sacem.

COMBARIEU (J)
La musique, ses lois, son évolution, 1927,
Flammarion.

COTT (J)
Conversations avec Stockausen, 1979,
Col. Musiques et Musiciens, éd. J.-C. Lattès.

FRANCÈS (R)
La perception de la musique, 1972,
Études de psychologie et de philosophie, Librairie philosophique J. Vrin.

KANDINSKY (W)
Point, ligne, plan, 1970,
Col. Médiations, éd. Denoël-Gonthier.

LEVAILLANT (D)
L'improvisation musicale, 1981,
Col. Musiques et Musiciens, éd. J.-C. Lattès.

MACHABEY (A)
La notation musicale, 1971,
Que sais-je ?, P.U.F., nº 514.

MATRAS (J.-J)
Le son, 1972,
Que sais-je ?, P.U.F., nº 293.

MURRAY SCHAFER (R)
Le paysage sonore, 1979,
Col. Musiques et Musiciens, éd. J.-C. Lattès.

ROUGET (G)
La musique et la transe, 1980,
Bibliothèque des sciences humaines, éd. Gallimard.

SCHAEFFER (P)
Traité des objets musicaux, 1966,
Col. Pierre Vives, éd. du Seuil.
DE SCHLOEZER (B)
Introduction à J.-S. Bach, 1947,
Éd. Gallimard.
WINNICOTT (D.-W)
Jeu et réalité, 1971,
Col. Connaissance de l'inconscient, éd. Gallimard.
XENAKIS (Y)
Musique-architecture, 1971,
Col. Mutations-Orientations, Casterman-Poche.

Revues

MUSIQUE EN JEU N° 12
Court (R), *Musique, mythe, langage.* Octobre 1973.
MUSIQUE EN JEU N° 13
Charles (D), *La musique et l'écriture.* Novembre 1973.
Marie (J.-E), *Sur quelques problèmes de notation.*
Miereanu (C), *Textkomposition. Voie zéro de l'écriture musicale.*
Nattiez (J.-J), *Sémiologie et sémiographie musicales.*
Risset (J.-C), *Ordinateurs et graphisme musical.*
Stockhausen (K), *Musique et graphique.*
MUSIQUE EN JEU N° 26
Dalmasso (G), *Sur l'improvisation.* Février 1977.
ALTERNATIVES THÉATRALES N° 3
Bosseur (D et J.-Y), *L'écriture musicale, Février 1980.*
IRCAM
Le compositeur et l'ordinateur. Février 1981.
HISTOIRE DE LA MUSIQUE
(2 vol.) Encyclopédie de la Pléiade, 1960, NRF.

Discographie

Quelques titres...

Musiques extra-européennes

Bali, Archiv Production, 27230 14.
Bisa, OCORA, OCR 58.
Burundi, OCORA, OCR 40.
Chantesfables du Cameroun, Chant du Monde, LDZ-S 4326.
République Centrafricaine, OCORA OCR 43.
Iran (Musique et tradition du monde), CBS 65414
Japon-Tsuruta, Chant du monde, G.U. LDX-74473
Ravi Shankar, CBS S63 164
Collection « Anthologie des musiques traditionnelles » de l'Unesco

Musiques classiques et contemporaines

BAYLE (F)
Trois rêves d'oiseaux, INA-GRM, Harmonia Mundi, G 101-BA HM 38.
BEETHOVEN
Quatuor à cordes n° 13 en si b Majeur, op. 130, MUS RC 658.

BERBERIAN (C)
Stripsody, WERGO, WER 60054.
BERIO
Visage, CBS Classics 61834.
CHION (M)
Requiem, INA-GRM, Harmonia-Mundi, AM 689-05.
DEBUSSY
La mer.
FERRARI
Presque rien, INA.GRM n° 9104 Fe, Deutsche Grammophon, 2 561 041.
HENRY (P)
Le voyage, Prospective XXIe siècle, Philips PG 321 836 899.
HENRY (P)
Mouvement, rythme, étude, Philips 6510 017.
MÂCHE (F.B)
Korwar, Erato STU 70860.
MALEC (I)
Vox, vocis, INA-GRM, Harmonia Mundi 9105 MA.
PARMEGIANI (B)
La roue Ferris, Prospective XXIe siècle, Philips 6 521 025.
PHIL GLASS
Virgin Records, 202712 AE 230
RAVEL
Miroirs, Pathé Marconi C 061.01566
SAVOURET
L'arbre et caetera, INAGRM, AM64707
SCHUMANN
Quintette en mi b Majeur, CBS 75 820
STEVE REICH
Drumming : Music for Mallet, instruments, voices and organ. Six pianos, DGG 2740106
STOCKHAUSEN (K)
Stimmung, Deutsche Grammophon 25 43 003
Zeitmasse, DGG 2530 443
Le chant des adolescents, DGG 138 811
VARÈSE
Ionisation, CBS 76 520
VIVALDI
Les quatre saisons, MUS RC 804
XENAKIS
Nomos alpha, EMI Pathé Marconi CVT 2086

Jazz

A. BRAXTON
Emamen 601
D. CHERRY
Togetherness, Durium A.77 127
O. COLEMAN
Sounds and forms for wind quintett, Polydor 623 246 et 623 247
J. COLTRANE
Ascension, Impulse A.95
ASTOR PIAZZOLA
Musique Contemporaine d'Argentine, RCA Victor 741082
SUN RA
It's After the End of the World, MPS 15.047

Achevé d'imprimer le 30 juin 1982
par Maury-Imprimeur S.A.
45330 Malesherbes
N° d'imprimeur : E82/11509
N° d'éditeur : 125
Dépôt légal : Juin 1982